김영세의 **퍼플피플** 2.0
PURPLE PEOPLE

PURPLE PEOPLE 2.0

초판 인쇄 2016년 7월 19일
초판 발행 2016년 7월 25일

지은이 김영세
펴낸이 김광열
펴낸곳 (주)스타리치북스

출판책임 이혜숙
책임편집 한수지
출판진행 안미성
편집교정 이상희
본문편집 권대홍 · 조인경
경영지원 공잔듸 · 권다혜 · 김문숙 · 김지혜 · 김충모 · 문성연 · 박지희 · 신자은
　　　　　　유다윤 · 이광수 · 이지혜 · 정은희 · 정종국 · 한정록 · 황경옥 · 허태연

등록 2013년 6월 12일 제2013-000172호
주소 서울시 강남구 강남대로62길 3 한진빌딩 3~8층
전화 02-2051-8477

스타리치북스 페이스북 www.facebook.com/starrichbooks
스타리치북스 블로그 blog.naver.com/books_han
스타리치 잉글리시 www.starrichenglish.co.kr
스타리치몰 www.starrichmall.co.kr
홈페이지 www.starrich.co.kr
스타리치 기업가정신 www.ceospirit.co.kr

값 22,000원
ISBN 979-11-85982-27-4 13190

ⓒcopyright 2016 KimYoungSe
ⓒcopyright 2016 INNODESIGN

퍼플피플 2.0에 삽입된 모든 디자인 작품은 이노디자인의 지적자산입니다.

PURPLE PEOPLE 2.0

세 상 을 바 꾸 는 사 람 들

| 김영세 지음 |

StarRich Books

프/롤/로/그

누가 퍼플피플인가

내겐 결코 잊을 수 없는 순간이 있다. 중학교 3학년 때 친구네 집에 놀러가 무심코 펼쳐든 잡지 속에 있던 멋진 사진 한 장은 이제껏 느껴보지 못한 설렘을 주었다. 그림 그리기를 유독 좋아했지만 '디자인'이라는 것이 무엇인지도 모르던 내 머릿속에는 '앞으로 내가 해야 할 일은 디자인이다!'라는 결코 시들지 않는 목표가 생겼다.

하지만 디자인에 인생을 걸겠다는 다짐을 실천하기는 그리 만만치 않았다. 내가 디자인을 공부하던 1970년대에 우리나라에는 산업디자이너라는 호칭조차 없었다. 지도에도 없고 어느 누구도 방향을 가르쳐주지 않는 길이 당시 디자이너가 되는 길이었다. 하지만 디자인이 너무도 하고 싶었기 때문에 누구보다도 절실했다.

좀 더 많은 것을 느끼고 배우기 위해 미국 유학길에 오르면서 '절대로 포기하거나 무너지지 말자'는 다짐을 몇 번이나 되뇌었다. 유학생활에서는 언어의 장벽도 높았지만 동양인 차별대우도 만만치 않았다. 그래도 견뎌낼 수 있었던 건 내가 좋아하는 디자인을 할 수 있었기 때문이다. 그렇게 조금씩 디자인의 깊이를 알아갈수록 내가 가야 할 길이 보이기 시작했다. 교수님께 인정받고, 기대 이상의 성과를 거두며 졸업을 하고, 비록 서른 번이나 인터뷰에서 탈락하기도 했지만 취업도 했다.

이제 좀 안정적인 삶을 살겠다 싶을 때 나는 또 다른 도전에 나섰다. 직장을 나와 교수가 된 것이다. 다른 지원자들과 비교해 경력이 현저히 부족했음에도 디자인에 대한 열정과 노력을 인정받아 당당히 채용됐다. 그때부터는 뒤도 돌아보지 않고 전력 질주하듯 학생들을 가르쳤다. 그러는 사이 내 디자인을 원하는 곳이 많아졌고, 오랜 시간 가슴에 품어온 꿈인 이노디자인을 설립했다.

이노디자인이 실리콘밸리에 터를 잡은 것이 1986년 일이니 어느덧 30년이 되었다. 당시 주변 사람들은 한국인 최초로 미국 실리콘밸리에 디자인 전문회사를 세웠으니 이만하면 성공한 인생이 아니겠냐며 나를 치켜세웠다. 하지만 세계 산업의 중심지에서 생활하는 동안 나는 무엇이 세상을 바꾸는지, 누가 새로운 미래를 창조하는지 직접 보면서 새로운 깨달음을 얻었다. 살아남는다는 것이 결코 쉬운 일은 아니며, 남들처럼 생각하고 행동하는 것만으로는 오히려 뒤처지기 쉽다는 사실을 온몸으로 겪은 것이다.

사실 처음에는 실리콘밸리 사람들에게서 특별한 점을 찾을 수 없었다. 괴짜 또는 이단아 취급을 받는 그들이 일을 한다기보다 노는 것처럼 보였기 때문이다. 하지만 창의와 혁신의 틈바구니에서 그들과 함께 어울리다 보니 그들의 진짜 모습이 눈에 들어오기 시작했다. 자신이 가장 좋아하는 일을 찾아 진정으로 즐기는 과정에서 누구도 생각하지 못했던 새로운 미래가 탄생했다. 세상에 어마어마한 변화의 씨앗을 남기고 세상을 떠난 애플의 스티브 잡스가 그랬고, 최근 싸이를 세계적 스타로 만들어준 유튜브의 스티브 첸이 그러하다. 10억 명 이상이 사용하는 페이스북의 마크 저커버그 역시 그 주인공이다. 더욱 놀라운 것은 이들 모두 20대에 깜짝 놀랄 만한 위업을 이루고 세상을 움직이는 영향력 있는 인물이 되었다는 것이다.

새롭게 등장하는 미래의 창조자들을 볼 때마다

'변화할 수 없다면 이미 죽은 것이나 다름없다'는 것이 나의 신조다.

내가 디자인을 처음 선택하던 순간이 떠올랐다. 산업디자인의 불모지에서 핸디캡을 두려워하거나 피하지 않고 정면 돌파하던 내 모습이 여전히 살아 있는 것 같아 가슴이 뛰었다. '변화할 수 없다면 이미 죽은 것이나 다름없다'는 내 신조처럼 실리콘밸리의 기적을 보여준 청춘은 변화에 굴복하지 않고 새로움을 받아들여 창의의 씨앗으로 틔워냈다. 나는 아웃사이더라 불리던 사람들이 미래 산업의 중심세력으로 거듭난 비결이 궁금했다. 이 새로운 일꾼들의 존

세상을 크게 변화시키는 천재적 삶을 살다간 스티브 잡스에게 전 세계 수많은 사람이 애도와 경의를 표했다.

재를 규정하고 역할을 명쾌하게 정의내릴 수 있다면 내 아이들과 후배, 제자들이 자기 일을 찾고 삶의 방향을 설정하는 데 이정표가 될 것 같았기 때문이다.

또한 지금껏 우리가 일과 직업 그리고 성공하는 방식에 대해 가지고 있던 프레임을 바꿀 수 있는 계기가 될 것이라고 생각했다. 이미 오래전부터 보이지 않는 곳에서 세상을 움직여온 혁신가들이 이제는 빠르게 변화하는 비즈니스의 요구에 맞춰 수면 위로 모습을 드러냈기 때문이다. 주변에서, 그리고 세계 곳곳에서 주목받기 시작한 새로운 혁신가들의 모습을 확인하면서 변화무쌍한 미래를 개척할 신인류의 조건을 파악했다. 그리고 잡스나 저커버그 같은 인물이 우리나라에서도 많이 탄생하려면 새로운 미래 인재상을 규정짓고 더욱 많은 사람에게 알리는 것이 무엇보다 중요하다고 생각했다.

변화에 굴복하지 않고 새로운 세상을 만들어내

는 신인류에 대한 관심과 관찰, 고민을 통해 도달한 결론이 바로 '퍼플피플Purple People'이다. 이들은 창의적 사고를 바탕으로 창조행위에 몰두하는 경우가 많으며 일반적인 근무 형태나 시간에 구애받지 않고 자신이 하고 싶은 일에 몰입한다. 이러한 특성은 그들을 창조적이고 발전적인 일에서 가치를 발견해내고 일 자체를 즐길 줄 아는 완벽한 혁신가의 모습으로 만들어준다.

내가 '퍼플Purple'을 선택한 이유는 특이함 때문이다. '퍼플'은 한국말로는 '보라색'에 가까운데, 오래전부터 고귀함의 상징으로 여겨졌다. 또한 보라는 파랑과 빨강, 즉 신의 예지와 자애를 상징하는 두 가지 색을 합친 색이다. 현대사회에서 인간의 고취한 창의적 생산활동을 규정할 컬러로 퍼플만 한 것이 또 어디 있겠는가? 여기에는 '퍼플카우'의 리마커블함이나 '퍼플오션'의 독창성을 가미한 차별과 개념도 포함되어 있다. 특히 기존의 치열한 레드오션 시장에서 차별화 전략을 내세워 자신만의 새로운 시장을 만들어내는 퍼플오션 전략은 내가 이노의 디자이너들에게 강조해오던 발상의 전환과 정확히 맞아떨어진다. 창조적 능력의 배경이 되는 태도나 그 부산물이 바로 퍼플피플이 갖추어야 할 요소이며 성과다.

미국에서 이노디자인을 설립한 이래 30여 년 동안 우리나라와 미국을 200번 이상 들락거렸다. 그사이 우리나라는 눈 비비고 다시 봐야 할 만큼 잘사는 나라로 발전했다. 그럼에도 우리나라 젊은이들은 내가 성장할 때보다 오히려 덜 행복하고, 덜 만족하며, 경제적으로 더 어려워하고 있다. 여전히 과거의 직업관이나 직장개념에 갇혀 타고난 재능을 썩히고 있기 때문이다.

이 책은 디자인을 통해 창의와 혁신에 다가서고자 했던 나와 실리콘밸리에서 경험한 또 다른 미래 창조자들의 이야기를 담았다. 동시에 2년여 트위터를 통해 젊은이들과 함께 소통한 결과물이다. 하루에도 수십 번씩 나에게 자신의 생각과 고민, 미래에 대해 말을 걸어온 청춘에게 내가 해줄 수 있는 가장 솔직하고 냉정하지만 사랑하고 걱정하는 진심을 담은 대답을 더했다.

지금껏 나는 디자이너로 쌓은 연륜을 바탕으로 한 소통에 주력해왔다. 하지만 이제 내 미션은 '신디자인' 개념을 전달해 창의시대에 도전하는 젊은이를 돕는 일로 압축된다. 이것이 내가 세상을 디자인하고 사랑하는 방법이다. 나의 메시지를 들은 우리 젊은이들이 자신의 일과 가치와 삶을 스스로 디자인해 나가는 퍼플피플이 되기를 소망한다.

김영세

CONTENTS

프롤로그 누가 퍼플피플인가 · 4

01 뜨겁게 즐겨야 뜨겁게 어필할 수 있다
굶어 죽을 일은 없다, 하고 싶은 일을 하라 · 12
열정보다 중요한 것은 없다 · 22
내 '일'을 찾는 것은 '미래'를 찾는 것 · 36
간절하고 절실하게 덤벼라 · 50

02 사람들을 즐겁게 해주자
불편함을 참지 않는 삶이 세상을 바꾼다 · 62
디자인은 나눔이다 · 73
러브마크 마케팅 · 86

03 어린아이처럼 상상하자
번뜩이는 아이디어가 떠오른 순간 · 100
무엇이 창의력을 죽이나 · 112
그래도 우리는 변할 수 있다 · 122

04 먼저 사람과 통하자
이노피플, 퍼플피플이 되다 · 134
소통하고 공유하는 순간 새로움이 탄생한다 · 146
퍼플피플이 되려면 · 156

WORK FOR MONEY, DESIGN FOR LOVE.

05 인생을 디자인하자

실패를 두려워하지 말고 도전하라 · 168
바꾸지 않으면 혁신할 수 없다 · 178
마이크로기업가는 퍼플피플 · 188

06 자기만의 브랜드를 창조하자

지금 하는 일이 바로 '나'라는 브랜드 · 202
독자적 브랜드로 미래를 선점하라 · 212
나를 끊임없이 변주하라 · 222

07 세상을 바꾸어나갈 젊은이들에게 들려주고픈 이야기

내 삶의 기반이 된 실리콘밸리 · 236
실리콘밸리언들의 기업가정신 · 237
한국에 디자인의 뿌리를 내리자는 꿈 · 239
Digital과 Design이 만나면 Dream(꿈)이 이루어진다 · 240
진실한 엔트레프레노어의 모범 스티브 잡스 · 244
세계는 매우 빠르게 변하고 있다 · 250
'잡스'처럼 기업을 만들어 '애플'처럼 성공하겠다는 꿈 · 252
실리콘밸리에서 기업가정신의 원천은 '나눔' · 254
나눌수록 더 많이 얻는다! · 256
IoT시대에는 누가 성공을 불러올까? · 258
'감성시대(디자인시대)'가 열린다 · 260

김영세의 트위터 어록 모음 · 262

에필로그 '퍼플피플'이 한국 젊은이들의 삶에서 목표가 되기를 · 274

◀ 이노디자인 판교 사옥 벽에 새겨진 영문 문구와 회의실 일부 모습

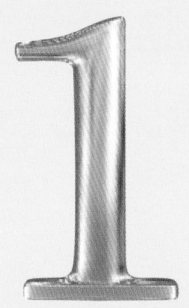

뜨겁게 즐겨야
뜨겁게 어필할 수 있다

Enjoy your Career!

무미건조한 단조로움에 할애할 시간은 없다.
일할 시간과 사랑할 시간을 빼고 나면 다른 것을 할 시간은 없다.

— 가브리엘 코코 샤넬

굶어 죽을 일은 없다,
하고 싶은 일을 하라

나는 딸 수진과 아들 윤민 두 아이를 두고 있다. 수진은 요가를 하고 윤민은 힙합음악을 한다. 사람들의 눈엔 요가도 힙합도 제법 잘나가는 디자인회사 대표의 아이들이 할 일로 보이지는 않는 모양이다. 인터뷰를 할 때면 종종 "어떻게 그렇게 아이들이 원하는 일을 즐겁게 긍정적으로 수긍하고 받아들일 수 있었냐?"라는 질문을 받는다. 일반적인 한국의 부모들은 자녀가 전공이나 직업을 선택할 때 아이들 뜻에 따라 선뜻 허락하지 않는다는 말의 또 다른 표현이다.

나는 누구든 미래를 설계할 때는 자기가 하고 싶은 일, 할 수 있는 일, 잘할 수 있는 일 세 가지를 찾아가는 과정이 가장 중요하다고 믿는다. 하지만 이 세 가지가 모두 같은 일을 가리키는 경우는 매우 드물다. 따라서 그중 한 가지만이라도 확실히 내 것으로 만드는 것이 꿈을 설계하고 인생을 탄탄하게 만들어가는 과정이라고 생각한다. 나에게는 그 한 가지가 바로 '하고 싶은 일'이다. 누구에게나 미치도록 하고 싶은 일이 있고, 그 일을 하면서 살아야 한다는 것이다. '하고 싶은 일이 있으면 참지 마라'는 것은 오래전부터 지키고 있는 내 지론이기도 하다.

그러니 아버지가 대기업 회장이면 아들도 대기업 임원이 되고, 아버지가 재벌이면 아들은 저절로 황태자가 되는 구조가 오히려 황당하게 여겨진다. 이를 당연하게 여기는 사람들의 생각이야말로 우스운 것이 아닐까?

딸 수진이는 어릴 때부터 공부도 잘했고, 매사에 모범적인 학생이었다. UCLA(캘리포니아대학교 로스앤젤레스캠퍼스)를 졸업한 뒤에는 미국에서도 누구나 들어가고 싶어 하는 금융회사에 입사했다. 흔히 말하는 엘

리트 코스로 진입한 것이다. 그런데 시간이 흐르면서 수진이는 그런 사회적 잣대보다 더 중요한 자신의 꿈을 발견했다.

어느 날 오후, 수진이가 회사로 전화를 걸어왔다.

"아빠, 아빠랑 둘이서만 저녁 먹으면서 데이트 좀 하고 싶어요!"

나는 녀석이 뭔가 특별한 이야기를 나누고 싶어 한다는 것을 바로 알아차렸다. 회사에서 힘든 일이 있는 건 아닌가 싶어서 은근슬쩍 걱정되기도 했다. 그런데 수진이 꺼낸 이야기는 전혀 뜻밖의 것이었다.

"아빠, 저 회사를 그만두고 싶어요."

"그래? 그럼 앞으로 무얼 할 건데?"

나는 놀라지 않고 물었다.

수진이는 드디어 자신이 하고 싶은 일을 찾았다며 요가에 대해 말하기 시작했다. 그때는 솔직히 좀 놀랐다. 수진이 요가를 하는 줄은 알았지만, 요가를 직업으로 삼을 만큼 진지하게 하는 줄은 몰랐기 때문이다. 그런데 그런 나를 더욱 놀라게 한 것은 요가에 대한 수진이의 생각이었다.

"아빠, 요가는 시작하기 전에 설레고, 하는 동안 기쁘고, 하고 나면 남들까지 행복하게 해주는 일이에요."

이렇게 말하는 아이에게 무슨 말이 더 필요하겠는가? 자기 일과 미래에 대해 이렇게 진지하고 바르게 생각하는 아이에게 감사하는 일 외에 내가 또 무얼 할 수 있겠는가? 나는 수진이의 용기와 결단에 박수를 쳐주었다. 내 딸이 내가 공들여 키운 것보다 더 멋지게 자라준 것이 감사할 뿐이었다.

그날 이후 수진이는 완전히 달라졌다. 온종일 요가를 하며 자기 삶과 일을 만끽하는 것이 옆에서도 느껴질 만큼 열정에 차서 지냈다. 그러더니 3년 만에 나이키의 글로벌 요가 홍보대사가 되었다. '미치지 않으면 미치지 못한다不狂不及'는 말처럼 몰두 속에서 삶이 빛나기 시작했다. 좋아서 하는 일, 미쳐서 하는 일은 아무도 당하지 못한다는 사실을 딸아이에게서 배운 것이다.

아들 윤민에게서도 비슷한 느낌을 받곤 한다. 윤민은 MYK(솔튼페이퍼)란 예명으로 힙합음악을 한다. '에픽하이'의 명예 멤버로 타블로와 함께 작업하면서 한국에서도 제법 이름이 알려진 모양이다. 힙합에 대한 이해가 부족한 한국의 부모들은 내가 아들의 활동에 대단한 불만이라도 품고 있다고 생각하는 모양이다. 그래서 "아들이 힙합을 하겠다고 했을 때 어땠어요? 선선히 허락해주셨나요?" 하며 걱정스러운 목소리로 물어보곤 한다.

하지만 나는 윤민이 음악 활동을 하는 것을 진심으로 즐겁게 생각하며 누구보다 열정적으로 지지를 보내고 있다. 걱정스럽게 바라보는 사람들의 막연한 시선과 달리 윤민이 철없이 연예인이 되겠다고 하는 것은 아니다. 사회에 저항하는 음악을 해보겠다며 가출을 하거나 반항을 한 적도 없다.

윤민이 고등학생이던 어느 날, "아빠, 아빠랑 이야기 좀 하고 싶은데 시간 되세요?" 하며 말을 꺼냈다. 이제 자기 진로를 정해야 할 때가 온 것 같은데 고민이 있어 아빠와 상담을 해보고 싶다는 것이었다. 당시 윤민이 고민하던 것은 자신이 좋아하는 일이 두 개나 된다는 것이었다. 하나는 그림과 디자인이었고, 또 다른 하나는 음악이었다. 나는 아들이 자기 진로를 고민할 만큼 성장했다는 사실만으로도 약간 흥분했다.

사람들은 내가 윤민에게 "아버지가 디자이너니까 너도 미술 공부를 해서 디자인을 해라. 그럼 아버지 회사에 들어와서 함께 일할 수 있고 좋잖아"와 같은 제안을 하는 것이 상식적이라고 생각하는 것 같다. 하지만 꿈은 그런 식으로 심어주는 것이 아니다. 게다가 윤민이 음악을 좋아하는 것은 나를 닮은 것이기도 하다. 나 역시 음악을 좋아해서 대학 때는 '아침이슬'을 부른 김민기와 함께 '도비두'라는 그룹까지 결성해서 활동하기도 했다. '도깨비 두 마리'라는 뜻의 그룹 이름처럼 김민기와 나는 희한한 몰골에 기타를 둘러메고 대학가를 누비고 다녔다. 당시 김민기는 '친구'라는 곡으로 세상에 이름을 알리며 청춘의 아이콘으로 부상했다. 나 역시 음악을 계속했다면 그와 더불어 연예계 생활을 했을지도 모를 일이다.

전문성은 다양한 분야에서 인정받을 수 있는 기준이다. 하지만 그것이 어떤 일인지는 중요하지 않다. 가장 먼저 생각해야 할 것은 내가 인생을 바쳐서 해야 할 일이라면 내가 원하는 일을 찾고, 나를 위해서 그 일을 해야 한다는 것이다. 그래야 행복하게 살 수 있다. 그러니 스스로 꿈을 찾고 진로를 설정하는 것만큼 대견한 일이 또 어디 있겠는가? 어느 날 갑자기 다 큰 아들이 찾아와서 "아빠, 나 뭐 하면 좋지? 아빠가 좀 정해주세요"라고 한다면 그처럼 황당하고 답답한 일도 없을 것이다.

사람은 누구나 남다른 재능을 가지고 태어난다. 또 성장기에 다양한 경험을 하면서 저마다 하고 싶은 일을 인식하기 마련이다. 그런데 많은 부모가 자녀의 진로를 고민할 때면 '그 일을 하면 얼마나 잘 먹고 잘살 수 있는데?'라는 생각을 첫 번째 기준으로 삼는다. 자녀가 사회적으로 인정받는 일, 돈을 많이 버는 일, 그리고 부모의 명성에 걸맞거나 부모가 이루지 못한 꿈에 부합하는 일을 해주기를 바라는 것이다. 물론 부모라면 누구나 자기 아이가 고생하기를 원치 않고, 주변의 존경을 받으며 살기를 바란다. 하지만 가장 중요한 것은 아이가 자기 일을 얼마나 좋아하고 즐겁게 일할 수 있느냐는 것이다. 그것이 아이의 행복지수를 좌우하기 때문이다.

내가 이런 말을 하면 바로 되돌아오는 반론이 있다. "꿈을 포기하지 마라." "사람은 자신이 좋아하는 일을 하면서 살아야 한다"와 같은 말을 하기에는 현실의 무게라는 것이 만만치 않다는 것이다. "그러다 내가 굶어 죽으면 당신이 책임질 거냐?"라는 항의의 목소리가 귓가에서 울리는 것도 같다. 하지만 그런 생각을 하는 사람에게 한 가지 묻고 싶은 것이 있다.

"정말로 굶어 죽을까 봐, 그것이 두려워서 하고 싶은 일을 포기하려는 겁니까?"

세상에 기죽지 말고 내가 하고 싶은 일을 찾아 돌진하면 절대로 굶어 죽을 일은 없다. 그러니 걱정하지 않아도 된다. 물론 하고 싶은 일을 한다고 해서 인생이 무조건 탄탄대로를 가는 것은 아니다. 매끄러운 아스팔트를 벗어나 울퉁불퉁한 비포장도로를 지나야 하는 순간이 찾아오기도 한다. 때로는 자갈밭이, 사막이 우리 앞에 펼쳐질지도 모른다. 하지만 걱정할 필요는 없다. 그 길이 언제까지나 계속되는 것은 아니다. 언젠가는 반드시 끝나고 새로운 길이 우리를 기다린다. 그 여정이 끝난 뒤 우리 발에 선명하게 새겨진 굳은살은 우리가 강해졌다는 증거이자 앞으로 나아갈 새로운 여정을 위한 든든한 무기가 되어줄 것이다.

하지만 남들이 우러러보는 일이 아닌 내가 좋아서 하는 일을 찾아야 하는 무엇보다 중요한 이유는 이제 부모들은 아이들이 살아갈 미래를 예측할 수 없다는 사실 때문이다. 이것은 정말 중요한 일이다. 세상은 상상할 수도 없을 만큼 빠른 속도로 달라지고 있고, 그 변화의 폭도 엄청나게 크고 넓다. 부모 자신이 성장기에 갖게 된 고정관념과 지금 느끼는 사회적 통념으로 아이들이 살아갈 미래를 가늠해서는 절대로 안 된다.

퍼플피플이 될 아이들은 직감적으로 자신이 나아가야 할 길을 알아내고 자기 꿈을 이루기 위해 최선을 다한다. 자신이 좋아하는 일이고, 잘하는 일이며, 직접 선택한 일이기 때문이다. 하고 싶은 일을 깨닫고 그것에 도전하는 사람은 분명 대범하게, 두 팔 획획 저으면서 자신의 행복을 향해 큰 발걸음을 옮길 것이다. 그 참을 수 없는 짜릿함을 모르고 산다는 것은 너무 억울한 일이다.

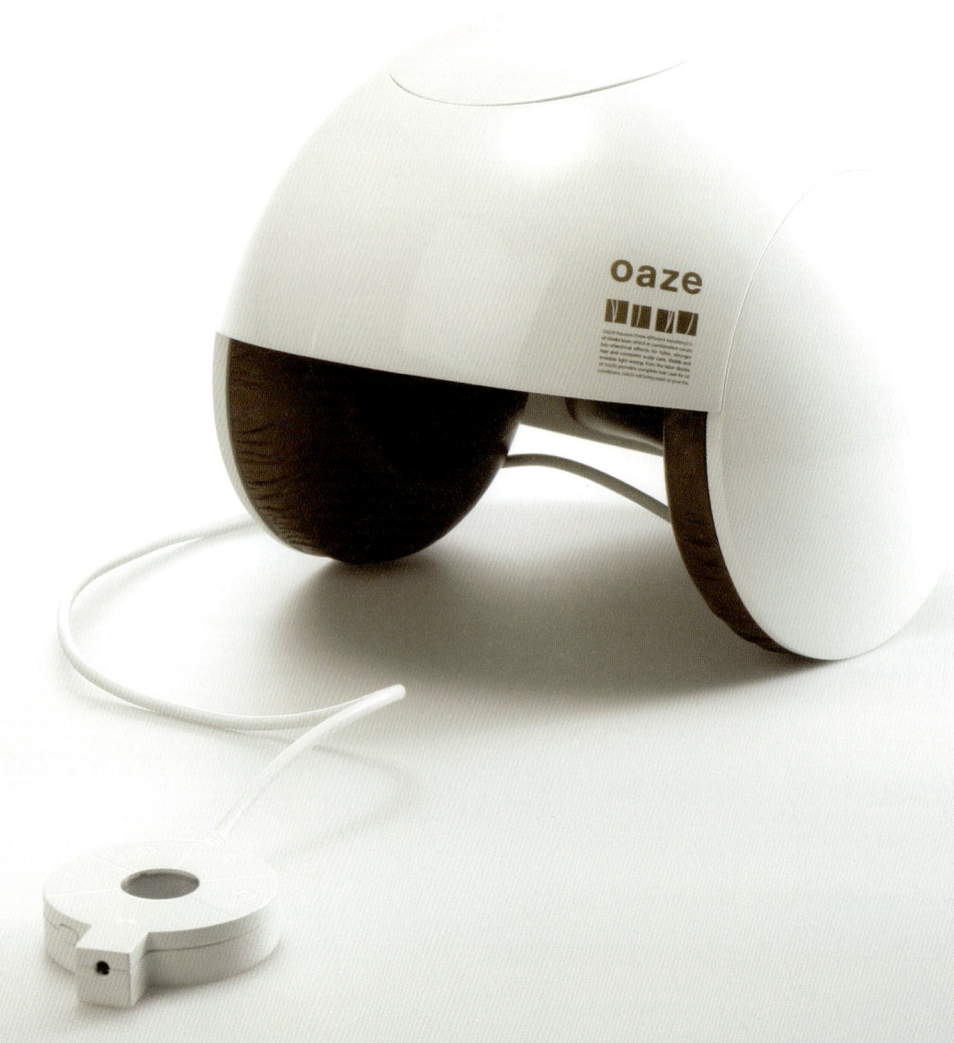

레이저 탈모치료기 오아제

●
인생에 대해 목표만 뚜렷하다면,
갈지_之자로 걸어도 괜찮다.
다양한 체험은
좀 더 높은 목표를 향해 가는
지름길이다.

● ●
시오노 나나미가 쓴 《로마인 이야기》에는 로마가 전쟁에서 패한 장수를 죽이거나 처벌하지 않고 다음 전쟁에 내보낸다는 이야기가 있다. 한 번 져본 사람은 훨씬 신중해지고 지혜로워진다는 사실을 알기 때문이다. 시카고 유학 시절 나는 공들여 완성한 디자인을 가지고 어느 기업의 매니저를 방문했다. 그는 나를 보자마자 내 디자인이 특허신청을 한 것인지 물었다. 아직 하지 않았다는 내 대답에 매니저는 특허를 신청한 다음 다시 찾아오라며 자리를 떴다. 어렵게 마련한 자리라는 생각에 기대에 부풀어 갔다가 디자인을 보여주지도 못하고 돌아와야 했다. 비록 목표로 하던 디자이너 채용 기회는 잃었지만 그 대신 큰 교훈을 얻었다. 디자인이란 손에서 펜을 놓는 순간이 아닌, 그 가치를 인정받는 순간 완성된다는 사실이다.

●

만약 어떤 일에서 재미와 즐거움을
더는 찾을 수 없다면
드디어 다른 일을
찾아야 할 때가 된 것이다.
행복하지 않게 시간을 보내기에는
인생이 너무 짧다.

— 리처드 브랜슨

● ●

풋볼 코치로 미국 풋볼의 역사가 된 루 홀츠Lou Holts는 다음과 같이 말했다.

"만약 당신이 아침에 일어나서 무엇인가 하고 싶다는 불타는 마음이 생기지 않는다면, 당신은 인생의 목표를 더 높이 잡아야 한다."

대가들은 모두 즐겁게 그리고 뜨겁게 자신을 쏟아부을 수 있는 일을 찾아 끝없이 성장해온 사람들이다.

루 홀츠Lou Holts(1937~)

미국의 전설적인 풋볼 코치로 하위권에서 헤매던 여러 대학 풋볼 팀들을 맡아 일약 강호로 키워내 유명해진 인물이다. 생애 통산 249승을 따냈으며 6개의 팀을 포스트 시즌까지 이끈 최초의 기록을 가지고 있다. 2004년 사우스 캐롤라이나 대학 풋볼 팀이 집단 난투극에 휘말려 포스트 시즌 진출이 무산되자 33년간의 코칭커리어를 마감하고 은퇴했다. 은퇴 후 스포츠 캐스터로 활동하기도 했다.

●

행복이란 당신이 하고 싶은 일을
계속하는 것이다.
특히 당신이 하고 싶어 하는 일이
남들도 기쁘게 해줄 수 있다면 더욱 그렇다.

● ●

《드림 소사이어티》의 저자 롤프 옌센 Rolf Jensen 은 기업에는 빨간색, 노란색, 파란색의 직원이 있다고 말했다. 빨간색 직원은 열정형, 노란색 직원은 노력형이라 했다. 그런데 파란색 직원의 관심은 오직 월급뿐이란다. 파란색 직원이 많은 기업은 그 기업도, 파란색 직원인 당사자도 모두 패자가 될 수밖에 없다.
일터에서 승자가 되고 싶거든 하고 싶은 일을 해야 한다. 돈은 급히 좇을수록 급히 도망가는 속성이 있기 때문이다. 할수록 내가 즐거워지는 일, 나아가 다른 사람들까지 즐거워지는 일에 집중한다면 반드시 원하는 결과를 얻을 수 있다. 이 세상에서 가장 멋진 일은 시작 전부터 가슴 설레는 일, 하는 동안 정신없이 빠져드는 일, 그 결과가 남에게 기쁨을 주는 일이다.

●

먹고 살려면
잡job을 잡아야 한다.
하지만 인생의 큰 그림을 그리려면
커리어를 만들어야 한다.

● ●

젊은 친구들에게 왜 지금의 직장을 선택했느냐고 물어보면 "나중에 진짜로 하고 싶은 것을 하기 위해서"라고 대답하는 이들이 많다. 당장 먹고살아야 하니 취직은 하되, 정작 하고 싶은 일은 따로 있다는 것이다. CEO로서 이런 말을 들으면 참 슬프다. 자신이 선택한 직업과 정말 하고 싶은 일이 따로따로인 사람에게서 어떤 재능과 성과를 기대할 수 있겠는가? 줄 서서 학교에 진학하듯 줄 서서 취업의 길에 나서는 사람들이 모인 기업은 경쟁력을 높일 수 없고, 개인 역시 직장생활을 불행하게 하면서 시간을 낭비하는 것이다.

열정보다
중요한 것은 없다

열정이 뜨거울수록 성공할 확률이 높아지는 이유는 무엇일까? 뜨거운 열정을 가지고 있는 사람은 그렇지 않은 사람보다 더 많이 노력하기 때문이다.

1998년 나는 홍콩에서 열린 '이노베이션 디자인 콘퍼런스'에 강사로 참석한 적이 있다. 여기에는 영국의 유명 디자인 기업인 알로이The Alloy의 구스 데스바라츠Gus Desbarats 회장도 함께 참석했다. 그를 직접 만난 것은 그때가 처음이었다. 데스바라츠 회장과 나는 공동강연이 예정되어 있었으므로 강연 전날 함께 저녁을 먹기로 했다.

호텔 레스토랑에서 만난 데스바라츠 회장은 큰 덩치만큼이나 성격도 서글서글했다. 그 덕분에 쉽게 친해질 수 있었다. 우리는 '디자인'이라는 공동 관심사를 사이에 두고 끝없이 이야기했다. 그날 우리가 가장 많은 시간을 할애한 주제는 '디자인 기업은 왜 수동적으로 클라이언트가 원하는 것만 그려주느냐?'는 것이었다. 우리 대화는 '디자이너도 얼마든지 주도적으로 디자인할 수 있는데, 우리는 왜 그동안 클라이언트를 기다리기만 해왔는가?' 하는 자기반성에서 시작해 '그러면 우리 아이디어는 언제 이 세상에 태어나느냐, 클라이언트가 우리 아이디어에 부합하는 요구를 하지 않는다면 우리 아이디어는 사장되고 만다'는 아쉬움으로 마무리되었다.

그때 문득 '우리가 한번 시도해보면 어떨까?' 하는 생각이 들었다. 술기운 때문인지 나는 호기롭게 데스바라츠 회장에게 새로운 제안을 했다.

"이봐요, 구스. 우리 이렇게 앉아서 말만 할 게 아니라 같이 전시회를 해보는 건 어때요? 1년 뒤 시드니에서 '월드 디자인 콘퍼런스WDC'가 열리는데, 그걸 목표로 두 기업이 준비해보는 것이죠."

아이디어가 샘솟기 시작하면 거침없이 질주하는 내 스타일은 앉은자리에서 전시회 제목까지 내놓았다.

"제목으로 A to Z는 어떤가요?"

"뜬금없이 무슨 말이에요?"

데스바라츠 회장이 궁금하다는 듯 가까이 다가왔다.

"당신과 내가 브랜드를 맡아 그 기업에 제안할 만한 디자인을 만들어보는 거예요. A부터 Z까지 속하는 기업을 선정해 모두 다 해보는 것이죠."

"가상의 클라이언트를 두고 우리가 디자인을 해보자고요?"

"그렇죠! 예를 들어 A는 애플이 될 수 있겠고, B는 뱅앤올룹슨Bang & Olufsen이 될 수도 있죠."

"M은 마이크로소프트, Y는 야마하……. 웬만한 회사는 거의 다 나오겠는데요!"

"바로 그거예요. 당신과 내 회사가 하나씩 나눠서 1년 동안 준비해 전시회를 여는 거죠."

우리는 그 자리에서 의기투합했다. 내가 A, 데스바라츠 회장이 B, 다시 내가 C, 데스바라츠 회장이 D를 맡는 식으로 각자 13개 브랜드를 담당해서 재미있는 일을 벌이기로 했다. 얼큰하게 취한 데스바라츠 회장은 내 아이디어에 엄지손가락을 들어올리며 아주 만족한 얼굴로 자기 방으로 돌아갔다.

그런데 다음 날 아침 엘리베이터에서 만난 데스바라츠 회장의 표정이 전날 밤과는 좀 달랐다. 보아하니 내가 A를 맡은 데 불만이 있는 것 같았다. 경쟁 상대가 '애플'을 선택할 거라고 생각하니 아차 싶었던 것이다. 애플에 디자인 제품을 제안한다는 것은 생각부터가 엄청난 반향을 불러일으킬 터였다. 남의 떡이 커 보인다고, 데스바라츠 회장은 애플 외에도 내가 맡은 이니셜에 알짜배기 기업이 다 들어 있다고 생각한 모양이었다.

"미스터 김, 어제 얘기한 알파벳 이니셜로 브랜드를 나누는 건 별로 좋은 방법이 아닌 것 같아요."

데스바라츠 회장이 새롭게 제안한 방법은 알파벳을 클라이언트가 아닌 아이템으로 나누자는 것이었다. A는 오디오처럼 A로 시작하는 모든 디지털 기기가 가능하고, B는 B대로 해당 아이템을 찾으면 된다는 것이 그의 의견이었다.

나는 시간 끌지 않고 바로 고개를 끄덕였다. 중요한 것은 우리가 새로운 시도를 한다는 사실이지, 그를 통해 세간의 이목을 끌거나 해당 브랜드에 어필하려는 것이 아니었기 때문이다. 데스바라츠 회장과 나는 연락을 주고받으며 아이템을 정하고 서로 겹치지 않게 조정하는 과정을 거쳤다. 문제는 내가 맡은 Z였다. 아무리 머리를 굴려도 도무지 좋은 아이템이 떠오르지 않았다. 결국 Z는 앞의 다른 아이

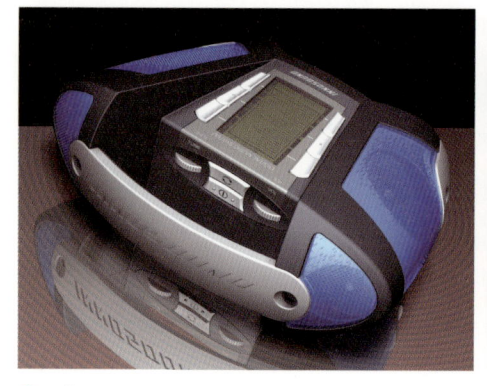
A audio

M mountain bike

N notebook

템과 겹치지 않는 선에서 알아서 하는 걸로 데스바라츠와 협의를 마쳤다.

나는 곧바로 직원들을 불러모았다.

"우리, 지금부터 미친 짓 한번 해볼까?"

영문을 몰라 눈을 동그랗게 뜬 직원들이 서로 얼굴을 쳐다보며 고개를 갸웃거렸다.

"지금껏 우리는 클라이언트가 디자인을 의뢰해야 움직였잖아. 그런데 이번 딱 한 번만 우리가 하고 싶은 디자인을 해보자. 오늘부터 근무 시간의 절반은 클라이언트가 요구하는 일을 하고, 나머지 절반은 우리가 하고 싶은 일을 해보는 거야."

직원들은 일제히 환호성을 질렀다. 월급도 받으면서 자기가 원하는 디자인을 한다는 것은 좀처럼 있을 수 없는 일이었기 때문이다. 그 시간을 돈으로 환산하니 수백만 달러의 가치가 나왔다. 직원들은 아이디어를 나누며 바로바로 스케치를 시작했다. 하지만 1년간 업무와 상관없는 디자인을 13개나 만들어낸다는 것은 보통 일이 아니었다. 게다가 앞뒤로 필요한 시간을 제외하면 제대로 일할 수 있는 시간은 고작 6개월 정도였다. 이 과정에서 이노의 디자이너들은 엄청난 강도의 훈련을 경험해야 했다.

디자인 작업이 한창 진행 중일 때 일본 소니의 직원이 이노디자인을 방문했다. 그는 우리의 프로젝트에 대해 얘기를 듣더니 깜짝 놀란 표정으로 나를 바라봤다. 이윽고 고개를 절레절레 흔들면서 이렇게 말했다.

"당신은 이 세상에서 가장 용감한 디자이너입니다."

"왜 내가 용감하다고 생각하나요?"

"그렇지 않습니까? 어떤 보상도 없는데 그 많은

P phone

S screw driver

W watch

디자인을 세상에 내놓겠다니, 그게 어디 보통 용기로 가능한 일이겠습니까?"

"디자이너라면 누구나 해보고 싶은 일일 겁니다. 회사가 스폰서가 되어 평소 해보고 싶던 디자인을 할 수 있게 해주었으니 직원들에게는 정말 좋은 기회가 될 것입니다."

시간이 지날수록 과감히 모험을 선택한 나 자신이 자랑스러웠다. 나는 용기의 대가로 상당히 많은 것을 배웠고, 우리 디자이너들 또한 크게 성장하는 계기가 되었다.

이듬해 이노디자인은 오스트레일리아 시드니에서 열린 WDC에서 '디자인 우선주의Design First'를 발표했다. 동시에 이노디자인이 클라이언트와 상관없이 개발한 신개념 상품 디자인 전시회를 열었다. 그러자 재미있는 일이 일어났다. 관람객들은 클라이언트 없이도 디자인을 미리 공개할 수 있다는 발상의 전환 자체를 놀라운 일로 받아들였다. 그뿐만 아니라 무엇에도 얽매이지 않는 새로운 디자인에 감탄했다. 무엇보다 그 콘퍼런스에 참석한 사람들은 디자인의 가치를 누구보다 잘 아는 사람들이었기에 더욱 많은 감동을 받았다.

게다가 마지막까지 고민거리였던 Z의 아이템으로 선택된 '지퍼'는 이듬해 미국 산업디자인의 아카데미상이라고 불리는 국제디자인 최우수상International Design Excellence Awards, IDEA에 출품해 은상을 받았고, 실제로 한 기업의 요청으로 상품화되기도 했다. 당시 얻은 가장 큰 쾌거는 디자인을 본 외국인들이 "나는 왜 이런 생각을 못했을까"라고 말한 것이었다. 나는 이보다 큰 칭찬은 없다고 생각한다. 외국인들이 던진 말에는 '저거 우리에게 꼭 필요한 건데', '이 디자인으로 돈을 벌 수 있을 텐데'라는 부러움과 아쉬움이 담겨 있다고 생각하기 때문이다. 즉 디자인뿐 아니라 시장성 있는 디자인 상품을 만들어냈다는 평가를 받은 것이다.

이런 긍정적인 결과는 열정으로 무장하고 긍정으로 돌파하면 그것이 성공으로 이어진다는 것을 알려주었다. 그 덕분에 나와 이노의 디자이너들은 발상을 전환할 수 있었다. 자본을 가진 쪽에서 하라는 대로만 움직이는 것은 진정한 디자이너가 아니라 노동자에 지나지 않는다. 우리는 언제든 디자인할 수 있고 클라이언트가 없어도 새로운 것을 창조해낼 수 있다는 것을 깨달았다. 나아가 디자이너가 생산자를 찾아서 라이선스를 제공할 수도 있다는 새로운 비즈니스 모델을 배웠다.

이제는 십 몇 년이나 지난 일이지만, 디자인 우선주의는 디자인 관계자들 사이에서 여전히 회자될 만큼 커다란 반향을 불러일으킨 사건이었다. 늘 자본에 종속되어 일하던 디자이너와 클라이언트 태도를 180도 바꿔놓았기 때문이다. 이후 2009년 일본의 유력 경제지 〈닛케이 BP〉가 선택한 '세계 10대 디자인 회사'에 미국의 IDEO, 덴마크의 AMO, 영국의 알로이 등과 더불어 이노디자인이 선정되었던 것도 바로 이 '디자인 우선주의'라는 열정적인 프로세스 덕분이었다고 한다.

그날부터 단 한순간도 내 머릿속을 빠져나간 적이 없는 것이 바로 '디자인 우선주의'다. 지금에 와서 생각해보면 나와 데스바라츠 회장이 의기투합했던 그런 생각, 태도 자체가 퍼플피플의 모습이 아니었을까 싶다. 자기만의 생각을 갖고 무에서 유를 창조하며, 도전하고 새로운 것을 생산해내는 사람이 퍼플피플이라고 한다면 그 순간 우리는 철저히 퍼플피플이었다.

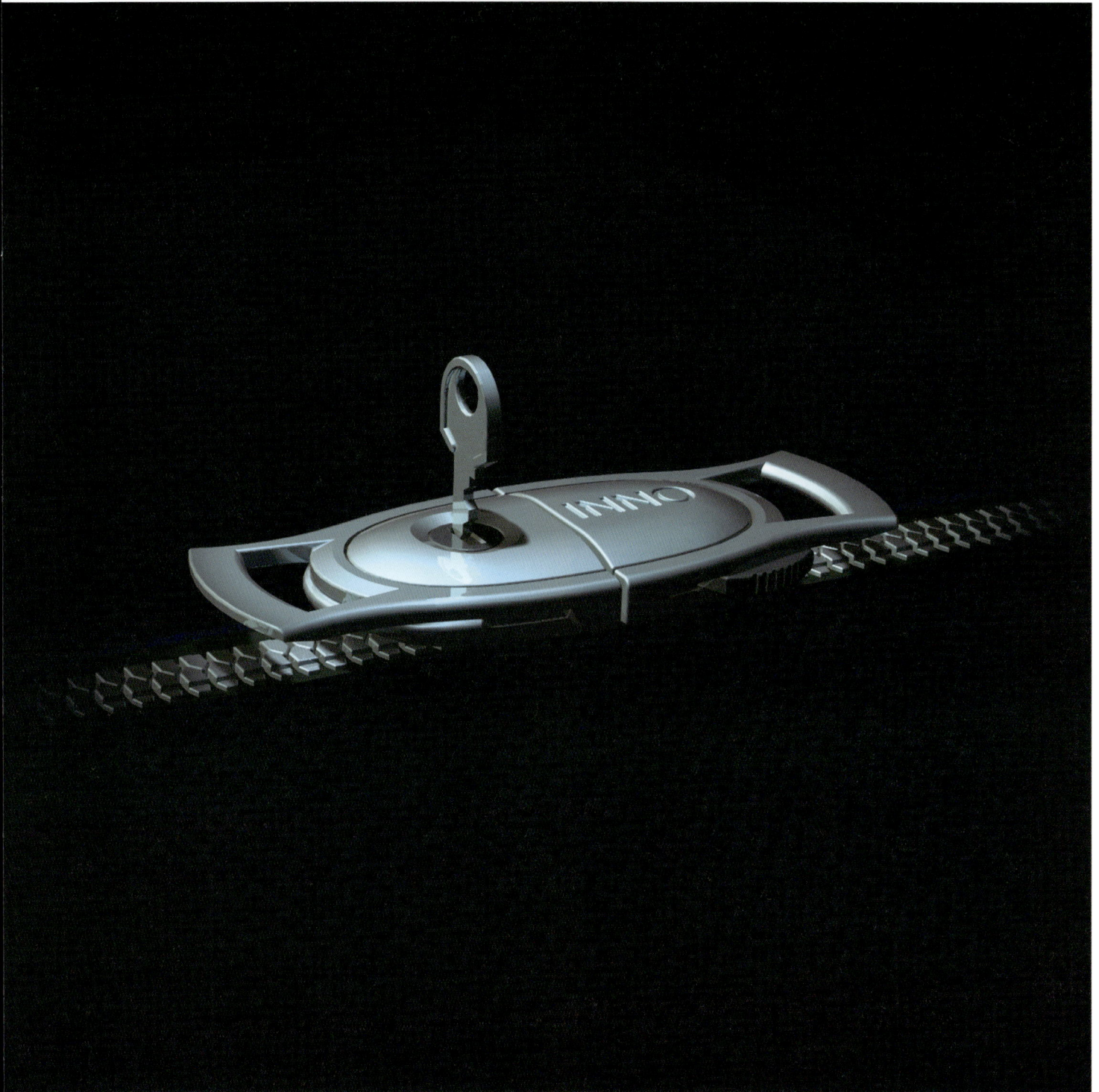

zipper key

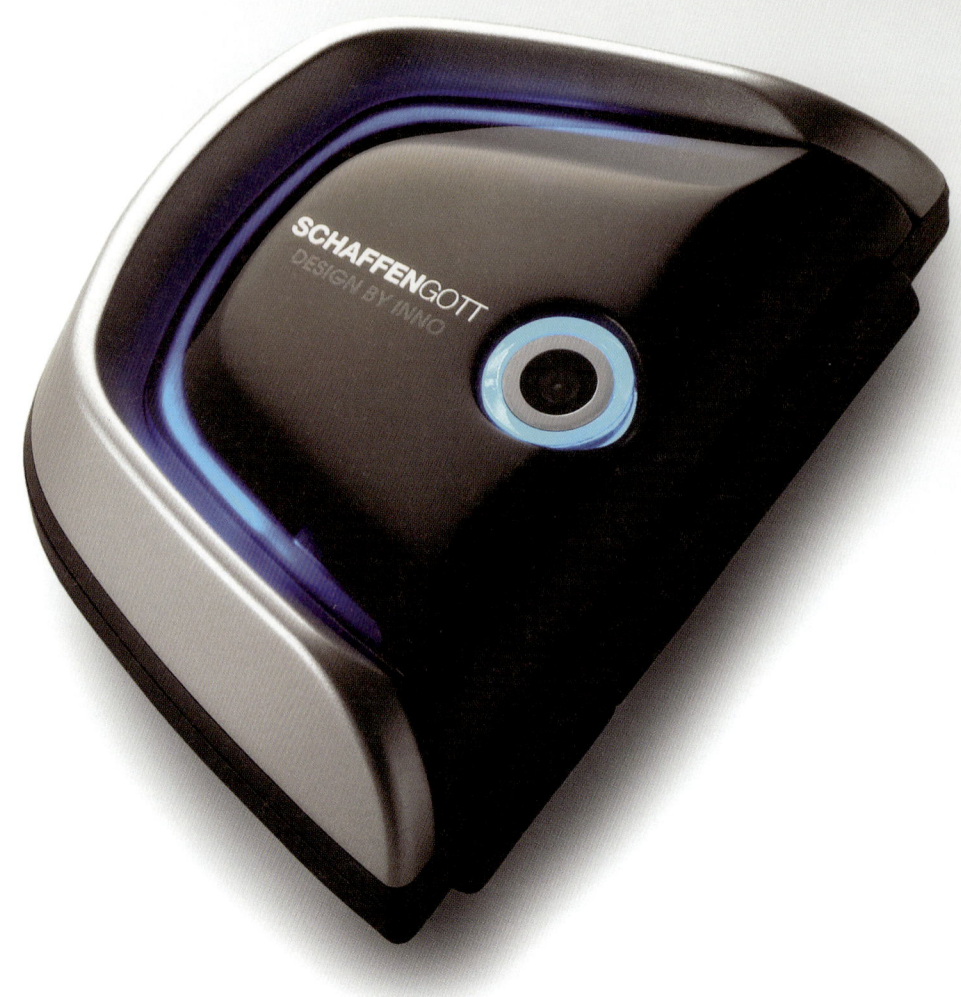

SCHAFFENGOTT

●
나는 열정이 중요하다는 말을
자주 하는 편이다.
오늘도 누군가
"디자이너에게 가장 중요한 역량이 무엇이냐?"라고 물어
너무도 자연스럽게 "열정이지"라고 대답했다.
그리고 나니 '너무 진부한 말을 또 했구나' 하는
생각이 머리를 스쳤다.
하지만 아직은 열정보다 중요한 단어가 떠오르지 않는다.

● ●

'열정'을 가진 사람들은 그렇지 않은 사람들보다 자신이 하는 일을 더 많이 즐긴다. 열정을 만족시키는 과정에서 동물적인 즐거움을 느낄 수 있기 때문이다. 우리가 신나는 일을 할 때 정신없이 열정을 쏟아붓는 이유도 그것이다. 아무리 경력이 많은 사람도 열정이 가져오는 결과는 따라가지 못한다.

●
우리는 자신이 가야 할 길을
하나의 방향 속에서만 찾으려고 한다.
그런데 걸어온 길을 되돌아보면
정반대 길로 갈 수도 있었다는 사실을 깨닫기도 한다.
우리를 성공의 길로 이끄는 것은
'올바른 선택'이 아니라 '다양한 선택'이다.

●●

결과가 검증된 확실한 일만 골라서 하면 일하기가 참 쉽다. 그런데 이런 일은 신이 나지 않는다. 누구도 시도하지 않은 일들은 결과를 예측하기가 어렵고 실패할 확률도 높지만 땀 흘리는 맛이 있다. 성공했을 때 돌아오는 보상도 그만큼 크다. 설령 실패한다 하더라도 더 큰 도전을 다시 준비하면 된다. 어떤 길을 택하느냐는 모두가 자유롭게 결정하면 된다.

누구에게나 가장 쉽고 편한 길은 따로 있겠지만 가장 좋은 길은 정해져 있지 않다. 조금 에둘러 가더라도 크게 이룰 수 있는 길이 있다면 나는 주저 없이 그 길을 택할 것이다. 그러니 지금 가는 길이 험하고 인적이 드문 어두운 길이라 해도 위축되거나 불안해할 필요가 없다. 중요한 것은 목표의식이다. 도달하고자 하는 지향점이 분명하다면 도중에 길을 잃을 일은 없을 것이다.

•
열정의 기본 원칙은 사랑이다!
무엇에인가 열정을 쏟고 있을 때
누군가를 또는 무엇인가를
사랑하고 있음을 깨달을 것이다.
지금 이 순간은 내가 가장 하고 싶은 일을 찾아
그것을 열렬히 사랑해줄 시간이다.

• •

자신이 정말 좋아하는 일을 만날 수만 있다면, 인생의 절반은 성공한 것이나 마찬가지다. 끔찍이 좋아하는 일이라면 남들이 말려도 다시 덤벼들어야 한다. 어린 시절 노는 것이 너무 좋아서 시간 가는 줄도 모르고, 지치는 줄도 모르고 놀았던 기억이 있을 것이다. 엄마가 놀지 못하게 해도 친구들과 열심히 뛰어놀았던 것처럼 나를 저절로 움직이게 하는 일을 찾아야 한다.

지금 내가 쌓고 있는 스펙이 과연 10년, 20년 뒤에도 계속하고 싶은 일에 도움이 될까? 다시 한 번 생각해 보라.

●
누구에게나 자신이 잘하는 것을
발견하는 순간이 온다.
이때 중요한 것은 그럴수록
'더 잘할 수 있다'는 생각을 해야 한다는 것이다.
만약 더는 잘할 수 없다고 생각한다면
그 순간 우리는 의욕을 잃고
내리막길을 걸어야 할 것이다.

● ●

세계 비즈니스 패러다임은 우리가 따라잡을 수 없을 정도로 변화를 거듭하고 있다. 21세기에 들어선 뒤로 양적 성장 중심의 한국형 경제발전 모델의 가치는 끝났다. 앞으로 더 치열해질 경쟁에서 살아남으려면 창의적인 역량, 도전하는 기업가정신을 담은 열정이 필요하다.

땀 흘려 일하는 것과 미친 것처럼 일하는 것은 어떤 차이가 있을까? 이미 세상 곳곳에서 정답이 쏟아져 나오고 있다. 스티브 잡스, 제임스 캐머런, 마크 저커버그…. 이들의 열정이 답이다.

T-Line 캐리어

메이븐(mp3)

내 '일'을 찾는 것은
'미래'를 찾는 것

나는 중학교 3학년 때부터 산업디자이너를 꿈꿨다. 친구 집에 갔다가 우연히 〈Industrial Design〉이라는 영국의 산업디자인 잡지를 발견하고 완전히 매료되어 '나 이거 해야겠다, 이게 바로 내가 하고 싶었던 거다'라는 생각을 하게 된 것이다. 그리고 그 꿈은 고등학생이 되어서도 변함이 없었다.

그런데 미술대학에 가서 디자이너가 되겠다고 이야기하자 아버지는 절대로 안 된다며 강하게 반대하셨다. 앙드레김 같은 패션디자이너가 되겠다는 것으로 이해하신 것이다. 그때만 해도 남자가 디자인을 한다는 것 자체가 드문 일이었으니 당연히 사회적 시각도 부정적이었다. 나는 산업디자인에 대해 열심히 설명했다. 하지만 아버지는 생각보다 훨씬 완강하게 반대하셨다.

"형처럼 공과대학에 들어가거라. 남자가 어떻게 든 제 밥값은 하는 일을 해야지!"

나는 어쩔 수 없이 서울대학교 공과대학에 원서를 썼다. 하지만 디자이너가 되어야겠다는 생각에 시험을 보러 가지 않았다. 아버지는 크게 화를 내셨지만 그 덕분에 내가 하고 싶은 일이 무엇인지 진지하게 설명하고 설득할 수 있었다.

"아버지, 디자인은 제가 가장 좋아하는 일이에요. 사람은 자기가 가장 좋아하는 일을 해야 성공할 수 있는 거 아니에요?"

아버지는 끝내 흔쾌히 승낙하지 않으셨다. 하지만 내가 미술대학을 가기 위해 재수하는 걸 모른 척 해주시는 것으로 암묵적인 기회를 주셨다. 뒤늦게 미술 공부를 시작했지만 누구보다 열심히 공부했다. 내가 하고 싶은 걸 하니 누가 시키지 않아도 자연스럽게 밤을 새워가며 몰두하게 되었다. 그리고 공교

진로 문제는 시간을 갖고 아주 신중하게 결정해야 한다. 자칫 급하게 서두르다 더 멀리 돌아갈 수도 있다.

롭게도 이듬해 서울대학교에 응용미술학과가 생겼고, 나는 어렵지 않게 입학해서 디자이너로 성장하기 위한 첫 번째 단추를 끼웠다. 우리나라에는 '산업 디자인'이라는 말조차 없던 시절이었다.

요즘 대학생들을 만나 이야기를 해보면 자신이 장차 어떤 일을 할지 정하지도 않고 무턱대고 취업 준비부터 하는 경우가 적지 않다. 물에 빠진 사람이 지푸라기라도 잡는 심정으로 아무 데나 뽑아주는 곳이 있으면 들어가겠다는 이들도 많다. 워낙 취업하기가 어렵다 보니 생기는 현상이겠지만, 진로 문제는 급하게 덤빌수록 더 멀리 돌아가게 되는 법이다.

당장 한두 해 취업이 늦어진다고 해서 조급해 할 일이 아니다. 진정으로 자신의 모든 것을 쏟아부을 만한 일을 찾지 못했다면 그것이 더 큰 문제다. 미시간대학교 로스경영대학원의 그레첸 스프리처 Gretchen Spreitzer 교수는 사람들이 일을 하면서 가장 불만족스러울 때는 "자신이 하는 일의 의미나 목적의식을 찾지 못했을 경우"라고 말했다. 실제로 우리나

대졸 신입사원의 채용 후 1년 내 퇴사율

좁은 취업문을 통과해도 입사한 지 1년 안에 회사를 떠나는 비율이 점차 증가하고 있는 것으로 조사됐다. (2016년 6월 6일자 연합뉴스 참조)

라도 입사 1년 이내 직원들의 퇴사와 이직률이 점차 증가하고 있는 게 현실이다. 입사하기 전에는 취직만 하면 무슨 일이든 열심히 하겠다고 다짐한다. 하지만 어렵게 입사에 성공했다 하더라도 좋아서 하는 일이 아니라 시켜서 하는 일은 절대로 오래 해낼 수 없다. 어렵게 들어간 회사를 떠나는 사람이 늘어나는 것도 이 때문이다.

진로는 당장 한두 해가 아니라 50년 뒤 변화를 내다보며 고민해야 한다. 30년 전만 해도 우리나라에는 '산업디자인'이라는 말조차 없었다. 하지만 지금은 디자인회사가 많이 생겨났고, 능력 있는 디자이너들이 쏟아져 나오고 있지 않은가? 내가 디자이너가 되겠다고 결심한 것은 그 일이 사회적으로 인정을 받는다거나 돈을 많이 번다거나 해서가 아니었다. 번듯한 직장에 다니건 돈을 많이 벌어 성공하건 모두 막연한 미래의 일이었을 뿐이다. 무엇보다 나는 그저 디자인을 하는 일이 재미있고 좋았다.

자신이 꿈꾸는 일을 한다면 힘이 들어도 어떻게든 이겨내게 되어 있다. 그 일이 즐겁고 하나씩 알아가고 발전해나가는 데서 희열을 느끼기 때문이다. 문제는 아직 자신을 쏟아부을 일을 찾지 못한 것이다. 이런 사람들은 '직장'을 찾기 전에 먼저 '직업'을 찾아야 한다. 직업을 정하면 직장을 찾는 일은 한결 쉬워진다.

그러면 어떻게 해야 내게 꼭 맞는 일을 찾을 수 있을까? 여기에는 상상력이 좀 필요하다. 먼저 자신이 생각하는 가장 멋진 직업을 떠올려본다. 아주 구체적으로 어떤 회사에서 어떤 일을 하는지, 하루하루를 어떻게 보내는지, 동료와의 관계는 어떤지 등을 마치 실제 생활하는 것처럼 구체적으로 떠올려보는 것이다. 그다음에는 반대로 정말 하기 싫은 일을 떠올려본다. 정말 나와 어울리지 않는 일, 하기 싫은 일을 하고 있는 내 모습은 어떤가? 그렇게 좋은 일과 싫은 일을 몇 차례 반복적으로 떠올려 상상 속에 서 있었던 일을 글로 정리해본다.

이제는 자기 강점이 무엇인지 정리한다. 자신이 잘할 수 있는 일, 사소하지만 의미 있는 재능을 있는 대로 다 적어보는 것이다. 그러면서 자신이 앞서 상상했던 일들과 자기 강점이 어떻게 연결될 수 있을지 점검해본다.

여기까지 진행했으면 이번에는 기억을 되살려 성장기에 자신이 어떤 일을 하면서 시간을 보낼 때 가장 행복했는지 되짚어본다. 이 과정은 일을 선택하는 매우 중요한 기준이 된다. 다른 사람들의 시선이나 사회적 인식, 돈벌이와 상관없이 순수하게 자신에게 즐거움을 준 일을 떠올린다. 그리고 왜 그 일이 즐거웠는지, 그 순간이 행복했는지, 그에 따른 결과는 어땠는지 돌이켜본다. 이제 다시 앞에서 상상하고 작성했던 목록을 확인해보면 지금 자신이 어디에 서 있는지 확인할 수 있다.

일상에 쫓기다 보면 진짜 자기 모습을 잊고 살 때가 많다. 그저 남들과 똑같이 사는 것이 편하니까 휩쓸려 사는 것이다. 하지만 그 과정에서 개개인의 고귀한 능력은 사장되어버리고 만다.

먹고살기 위한 그냥 '일'이 아니라 나를 기쁘고 흥분되게 하는 '내 일'을 찾는다는 것은 인생의 '내일', 즉 미래를 찾는다는 것과 같다. 어린아이처럼 행복하게 해주는 순수한 즐거움은 무엇인가? 그것을 찾아낸 다음에는 그것이 무엇이건, 사람들이 뭐라 하건 그 일에 좀 더 집중해라. 거기에 내가 걸어가야 할 길이 있다.

T-Line 스카프

●

사람들은 모두 재능을 가지고 태어난다.
그것이 첫 번째 축복이다.
두 번째 축복은 자신이 어떤 재능을 가졌는지
깨닫게 되는 것이다.

● ●

자기 재능을 깨달아 개발하고 활용하며 살아가는 사람은 행복하다. 특히 그 재능에서 일을 찾아낼 수 있다면 더 없는 축복이다. 만약 그 일이 사회적 가치를 인정받는 일이라면, 나뿐 아니라 더 많은 사람이 기쁨을 누릴 것이다. 자기 재능을 찾아라. 재능을 찾는 가장 빠른 길은 자신을 즐겁게 하는 일, 즉 적성을 찾는 것이다. 사람은 누구나 자신이 잘할 수 있는 일을 할 때 가장 즐겁다. 그것이 바로 타고난 재능일 확률이 높다.

●
부디 이 땅의 청춘이 자신을 괴롭게 하는
스펙 쌓기에 매달리지 않기를 바란다.
고통의 순간이 가면 즐거움의 시간이 오리라는 보장을
누가 해줄 것인가.
지금 나를 가장 즐겁게 하는 일,
뜨겁게 나를 느낄 수 있는 일에
열정을 쏟아부어야
진정한 퍼플피플로 성장할 수 있다.

●●
직장인이라고 해서 하고 싶은 일을 못 한다고는 생각하지 않는다. 조직 내에서도 얼마든지 자신이 원하는 방향으로 성공을 이뤄낼 수 있다. 그 열쇠는 자기 자신에게 주어져 있다. 자유로우려면 주인의식을 가져라!

임페리얼 20주년 에디션

●

회사에 들어가서 환경 탓이나
하고 주인이 아닌 '객客'으로 일하는 사람들은
회사의 부족한 부분을 모두 다른 사람의 탓으로 돌린다.
두레박이 우물에 닿지 않으면 줄을 길게 만들어야 하는데,
우물이 깊다고 한탄하는 꼴이다.
주인의식을 갖는 것은 회사나 사장을 위한 일이 아니다.
결국 자신을 위한 것이다.
스스로 조직의 월급쟁이라는 틀을 깨지 못하면
미래를 향해 힘찬 걸음을 내디딜 수 없다.
스스로 삶의 주인이 된다는 것은
삶의 풍요로움을 찾아가는 첫걸음이다.

— 이만중,《경영, 사람을 향해 진보하라》

●●

만일 지금 직장이 나와 같은 꿈을 꾸지 않는다면? 다음 중 하나를 선택한다.

1. 나의 꿈을 회사에 맞춘다.
2. 회사의 꿈을 나의 꿈에 맞춘다.
3. 바로 탈출한다.
4. 나의 꿈과 같은 비전이 있는 회사를 찾는다.
5. 창업한다.

●
프로페셔널의 첫 번째 조건은
'또라이'가 되어야 한다는 것이다.

●●

예전에는 직장을 선택하는 기준이 'Bigger is better(클수록 좋다)'였다. 하지만 지금은 직장을 선택할 때 '이곳이 나를 일에 미친 즐거운 또라이로 만들어줄 수 있는가'를 가장 먼저 염두에 두어야 한다. 또라이란 무언가에 미칠 듯 빠져 있는 열정적인 전문가를 말한다. 일을 일이라 생각하지 않고 진짜로 좋아서 하는 사람 말이다. 디자이너로서 나는 내가 상상해온 것을 실물로 만들어보는 일이 그렇게 좋을 수 없었다. 내가 행복하다고 자신 있게 말할 수 있는 것은 일을 통해 진짜 열정적인 전문가가 될 수 있었기 때문이다.

유진로봇 아이클레보 오메가

이노딕셔너리 e-book

소프트맨 로고

간절하고
절실하게 덤벼라

"내가 미칠 수 있는 일은 무엇일까?"라는 질문을 자신에게 던져보자. 그리고 곧바로 답을 적어보자.

나는 하고 싶은 일에는 누구보다 절실하고 집요하게 달라붙는 사람이다. 열여섯 살에 디자이너가 되겠다고 결심한 순간부터 나는 늘 새로운 디자인에 목말라 했다. 외롭고 긴 인생이라는 터널 속에서 오직 디자인을 고민한다는 것이 쉬운 일은 아니었다. 하지만 세상을 향한 관심을 잃지 않고, 사랑하는 사람에게 선물하는 마음으로 디자인을 하고, 일상생활에서도 디자인을 놓지 않는 삶을 산 덕분에 나는 진정한 행복이 무엇인지 깨달았다.

스티브 잡스가 "Stay Hungry!"를 외쳤듯이 나 역시 만족이라는 단어는 내 인생에 없다고 생각하며 늘 '집요함'과 '절실함'을 모토로 삼고 살았다. 그 결과 더 좋은 디자인을 만날 수 있었다. 가끔 잡스의 헝그리 정신을 '거지 근성'으로 착각하는 사람들이 있다. 하지만 본질은 늘 부족하다는 생각에 있다. 여기에는 부족한 것을 채우기 위한 노력이 반드시 따라야 한다. 나는 부족함을 '창의'로 채워나가기 위해 고군분투했다.

미국 경제전문지 〈비즈니스 인사이더〉는 30대 또는 그보다 젊은 새내기 창업가가 10억 달러 이상의 가치를 창출하는 비즈니스 모델을 개발해 성공한 사례를 발표했다. 그들의 면면을 살펴보면 나이가 어린데도 그들이 얼마나 절실하고 집요하게 일했는지 알 수 있다.

많은 사람이 급성장하고 있는 온라인 서비스로 '핀터레스트Pinterest'를 사례로 들어 얘기한다. 역대 개별 사이트에서 가장 빨리 사용자 1,000만 명을 돌파한 핀터레스트는 페이스북과 인기 블로그 플랫폼

핀터레스트는 이용자가 관심 있어 하는 이미지를 스크랩하듯 포스팅하고 공유할 수 있어 사용자들을 폭발적으로 끌어들일 수 있었다.

인 텀블러Tumblr에 이어 월평균 이용시간이 가장 많은 서비스로 성장했다. 하지만 핀터레스트가 성공을 쉽게 이룬 것은 아니다. 그들의 성공에는 포기를 모르는 절실함과 자신의 꿈에 대한 애착이 진하게 녹아 있다.

핀터레스트의 창업자이자 CEO인 벤 실버만Ben Silbermann은 예일대학교를 졸업한 뒤 구글에서 일하면서 트위터보다 간편하고 시각적으로 만족감을 줄 수 있는 SNS를 만들고 싶다고 생각했다. 때마침 모바일에서는 카메라와 관련된 앱이 인기를 끌면서 이미지가 SNS의 핵심 키워드로 떠오르고 있었다. 이를 바탕으로 많은 기업이 모바일에서 이미지를 생산하는 서비스를 제공했다.

하지만 실버만은 이들과 다르게 접근했다. 냉장고 문에 붙여놓은 사진과 메모지를 보고 영감을 받은 것이다. 그는 새로운 사진을 만드는 것이 아닌 웹

사이트에 이미 존재하는 방대한 분량의 이미지를 핀보드 스타일로 모으는 방식을 소셜 사진 공유 웹사이트 모델에 적용했다. 단순히 이미지를 모으는 것이 아니라 많은 사람이 이미지로 소통하는 시스템을 만들어낸 것이다. 특정 주제나 공감을 불러일으키는 이미지를 두고 서로 의견을 주고받으면서 새로운 가치를 창출해내는 것이 목적이었다.

하지만 핀터레스트 서비스 제공 초기에는 카메라 기능이 없어서 사용자들이 별 관심을 보이지 않았다. 기대와는 달리 서비스를 시작한 지 9개월 만에 겨우 1만 명을 확보했을 뿐이었다. 그러나 자신의 사업 모형에 확신이 있던 실버만은 핀터레스트의 성공을 위해서라면 어떤 것도 받아들일 준비가 되어 있었다. 그는 서비스 사용자에게 자신의 휴대전화 번호를 공개한 뒤 문제점과 개선사항에 대한 의견을 구했다. 그에게 전달된 의견은 즉각 핀터레스트 서비스에 반영되었고, 이는 사용자를 만족시키는 서비스로 발전했다.

이후 사용자가 폭발적으로 늘어나면서 대표적 이미지 기반 큐레이션 서비스로 잘나간다 싶을 때쯤 핀터레스트는 큰 위기를 맞이했다. 바로 '저작권'이 문제였다. 핀터레스트 사용자들이 스크랩한 이미지의 원저작자가 저작권을 주장하면 대응할 방법이 없었다. 일부에서는 'PinterRISK'라는 신조어까지 등장할 정도로 이슈가 되었다. 급기야 야후의 이미지 공유 사이트인 플리커Flickr는 특정 콘텐츠의 저작권을 보호한다는 명분으로 핀터레스트의 접속을 차단하기도 했다. 이에 핀터레스트는 즉시 자사 사이트 내 콘텐츠를 개인 핀보드에 퍼가는 것을 원하지 않을 경우 이를 금지하는 옵트아웃opt-out 코드를 발행해 저작권 문제를 방지했다.

이처럼 실버만은 몇 번 맞이한 시련을 디딤돌 삼아 끝내 성공적인 비즈니스 모델을 구축했다. 어느새 페이스북의 대항마로 불리며 실리콘밸리에서 가장 빠르게 성장하는 기업으로 손꼽히는 핀터레스트의 2016년 현재 기업가치는 무려 110억 달러에 이른다.

앤드류 메이슨Andrew Mason은 소셜 네트워크를 기

벤 실버만Ben Silbermann(1970~)

트위터, 페이스북과 함께 세계 3대 소셜네트워크 서비스로 인정받는 핀터레스트(Pinterest)의 창업자. 미국 아이오와에서 태어난 벤 실버만은 의대를 졸업했지만 IT업계에 종사하고 싶어 2006년 구글에 입사해 3년간 근무했다. 이후 퇴사해 2010년, 이미지를 수집하고 저장하는 새로운 온라인 서비스 핀터레스트를 창업하여 기업가치 110억 달러의 회사로 키워냈다.

반으로 한 모금 및 공익사업 사이트인 더 포인트The Point의 실패를 경험 삼아 그루폰Groupon을 만들었다. 최초의 소셜커머스인 그루폰은 창업 2년 만에 무섭게 성장한 뒤 구글에 60억 달러에 매각되었다. 그의 나이 불과 서른한 살에 이룩한 쾌거였다.

인기 블로그 플랫폼인 텀블러는 데이비드 카프David Karp가 스물한 살에 시작한 서비스로, 지금은 월 평균 방문자 1,500만 명을 기록하며 10억 달러 가치의 비즈니스로 성장했다. 그 또한 스물여섯 살에 이런 성공을 일구었다.

젊다고 해서, 경험이 부족하다고 해서 성공이 멀리 있다고 생각하면 안 된다. 트렌드를 앞서나가고, 사용자들에게 적극적으로 다가서고, 문제가 생기면 즉각 대응하는 절실함과 집요함을 갖춘 기업이 성공하지 않을 이유는 없다.

우리나라 역시 더 잘사는 나라로 비상하려면 20~30대가 더욱 크게 활약해야만 한다. 그들이 세계적 변화에 가장 민감한 세대이기 때문이다. 세상이 원하는 것을 미리 알아챘다면 절대로 주저하지 말아야 한다. 아무도 가지 않은 길이라고 겁먹을 필요는 없다. 길을 만들며 가는 사람이 되면 그만이다. 이것이 바로 미래를 당신의 것, 즉 퍼플피플의 것으로 만드는 가장 쉬운 방법이다.

배울 수 있는 기회가 펼쳐져 있고, 수많은 정보가 공개된 지금 훌륭한 인재는 너무도 많다. 하지만 훌륭한 인재를 뛰어넘어 위대한 인재로 거듭나려면 변화를 향한 집념이 가장 먼저 충족되어야 한다. 내 인생을 바꾸고 세상을 바꾸는 혁신은 생각만으로 되는 것이 아니다. 누구나 보고, 듣고, 느낄 수 있도록 생각을 행동으로 연결하는 간절함과 절실함이 혁신의 첫 번째 발걸음이다.

이노 캠핑카(스틸로그 카라반)

●

미래는 확실성이 아닌 꿈으로 만들어져 있다.
미래는 물리적 세계가 아닌 우리의 사고와 꿈속에 존재한다.
이것이 바로 우리가 꿈꿔야 하는 이유다.
아이러니컬하게도 상상이 현실이 되고 나면
상상은 이제 더는 상상이 아니라 꿈이나 비전으로 격상된다.
나는 항상 확실하고 안전한 것을 찾는 대신
지금 당장은 망상처럼 보일지라도 꿈을 찾는 멋진 삶을 꿈꾼다.

● ●

성공하려면 적극적이어야 한다. 일반적으로는 불가능하다는 답이 나왔어도 적극적인 사람들에게는 가능하다는 답이 나올 수 있기 때문이다.
 이 세상은 'Go-getter(성공하려고 단단히 작정한 사람)'들이 움직인다. 이들은 무엇이든 어떻게 해서든 자신이 원하는 결과를 만들어내는 사람들이다. 이노디자인 창업 초기에 나는 메이시 백화점을 돌아다니며 다양한 제품의 패키지를 담당하는 회사를 알아낸 뒤 그곳의 CEO를 찾아갔다. 그리고 마침내 프로젝트 계약까지 이뤄냈다. 그런 나 역시 Go-getter였다. 이 세상에 더 많은 Go-getter가 자기 모습을 드러내기 바란다.

●

구글, 페이스북 등을 탄생시킨
미국의 파워풀한 2030세대가 세계를 움직이고 있다.
헨리 포드가 자동차 산업을 일으킨 지
100년 만에 일어난 커다란 변화다.
이러한 변화는 젊은 세대들의
절실함을 바탕으로 이루어진다.
우리나라도 예외는 아니다.

● ●

아흔 살 된 노인에게 평생 후회해본 일이 있느냐고 물었다. 그는 "내 나이 일흔 살일 때 앞으로 20년 이상 더 배울 수 있다는 생각을 전혀 하지 못한 것을 후회한다"라고 대답했다. 그는 그만 꿈꿀 기회를 놓쳐버리고 만 것이다. 그 순간 인생의 절실함도 모두 사라졌다.

●

후회할까 봐 미리 걱정하는 일은
선택 자체를 방해한다.
해본 후회와 안 해본 후회는 근본적으로 다르다.
해본 후회는 후회하는 순간부터 점점 줄어들지만,
해보지 않은 후회는 점점 커질 뿐이다.
그러니 목표가 생기면
뒤돌아보지 말고 뛰어야 한다.
그러다가 목표에 도달하면 한번 뒤돌아보고 크게 웃으면 된다.

● ●

나는 종종 스타트업 기업의 용감한 도전을 야구의 유명한 타자들의 경우와 비교한다. 아무리 훌륭한 타자도 삼진을 먹거나 뜬공으로 아웃을 당하는 등 실패를 경험한다. 그러는 과정에서 안타도 치고 홈런도 날린다. 창업의 성공률도 타율과 같다. 첫 도전에 실패하더라도 게임은 계속된다.

아리수 물병

사람들을 즐겁게 해주자

Entertain Others!

일이 즐거움이면 인생은 낙원이다. 일이 의무이면 인생은 지옥이다.

— 막심 고리키

불편함을 참지 않는 삶이
세상을 바꾼다

1972년 나는 산업디자인으로 유명한 일리노이대학교에서 유학생활을 시작했다. 하지만 디자이너가 되겠다는 꿈에 다가가기도 전에 언어장벽이라는 육중한 문에 부딪혔다. 제대로 된 공부를 하기는커녕 수업을 따라가기도 버거운 나날이 이어졌다. 그런데 신기하게도 이때부터 나의 창의력이 날개를 달기 시작했다. 시력이 좋지 않은 사람이 살아남기 위해 청각이나 촉각 같은 다른 감각을 발달시키는 것처럼, 모자라는 언어 대신 창의적인 디자인으로 살아남아야 했던 것이다.

나는 일찍이 디자이너가 단순히 상품을 아름답게 만드는 일에 매몰되어서는 안 된다고 생각해왔다. 그 때문에 학창시절부터 새로운 발상에 접근하는 법을 단련하기 위해 무던히도 노력했다. 그중 가장 좋은 방법은 '불편함을 관찰하는 것'이었다. '불편함'이란 우리에게 새로운 대안이 필요한 순간을 뜻한다. 즉 '문제를 해결할 색다른 방법'을 원하는 것이다. 이것이 바로 세상에 없는 새로운 디자인을

일리노이대학교의 어바나 샴페인 캠퍼스

창조해낸다.

디자인이란 인간의 생활을 편리하게 해주는 것이라고 생각했던 나는 '불편함'을 발견하기 위해 무엇이든 유심히 '관찰'했다. 이 습관은 디자인뿐만 아니라 내 유학생활을 성공적으로 이끌어준 견인차가 되었다.

어느 날, 시카고 지하철에서 휠체어를 탄 장애인과 마주쳤다. 계단 앞에서 한참을 망설이던 그는 휠체어를 돌려 엘리베이터를 찾아갔다. 나는 그가 어떤 불편함을 느끼는지 유심히 관찰했다. 그와 동시에 디자이너로서 그를 도울 방법이 없을지를 고민했다. 다리가 불편한 사람이 휠체어에 앉은 채 에스컬레이터를 탈 수 있다면 장애인들의 외출과 이동이 한결 수월해질 텐데….

그때부터 나의 디자인에는 발명이라는 키워드가 달라붙었다. 마침내 나는 휠체어를 탄 채 에스컬레이터를 탈 수 있는 장치를 디자인해서 발표했고, 교수님은 인간에 대한 나의 애정 어린 시선과 디자인의 영역에 제한을 두지 않는 자세에 박수를 보내주었다.

이 일을 계기로 나는 자신감을 되찾았고, 창의력을 발산하는 방법을 몸소 깨달았다. 무엇보다 중요한 것은 '디자이너는 발명가가 되어야 한다'는 생각을 갖게 되었다는 점이다. 디자이너는 이미 만들어진 제품에 껍데기만 멋지게 씌우는 것이 아니라, 세상에 없던 새로운 제품을 만들어내야 한다는 생각이 가슴속에 크게 자리 잡았다. 이는 뒷날 이노디자인을 차별화하는 핵심역량이 되었다.

다른 사람들의 불편함을 허투루 넘기지 말아야 한다는 것은 비단 디자이너에게만 필요한 자질이 아니다. 미래를 창조해야 할 퍼플피플의 중요한 조건 역시 불편함을 새로운 가치로 창조하는 자세다. 언제 어디서든 수많은 사람이 크고 작은 불편함을 견디거나 모른 체하며 살고 있다. 이때 불편함을 내버려두지 않고 새로움을 창조한다면 미래를 선점할 수 있다.

스티브 잡스는 팔릴 물건을 찾아나선 장사꾼이 아니라 만들고 싶은 물건을 만든 모험가였다. 그는 기존의 제품에서 느꼈던 불편한 점을 자신이 직접 바꾸고자 했다. 불편함을 그냥 지나치지 않는 잡스의 도전과 용기가 있었기에 그와 애플이 성공할 수 있었다. 세상에는 변화를 이끄는 사람들과 변화를 따라가는 사람들이 있다. 어떤 사람이 될지 결정할 권리는 당신에게 있다.

이노웨이브플러스

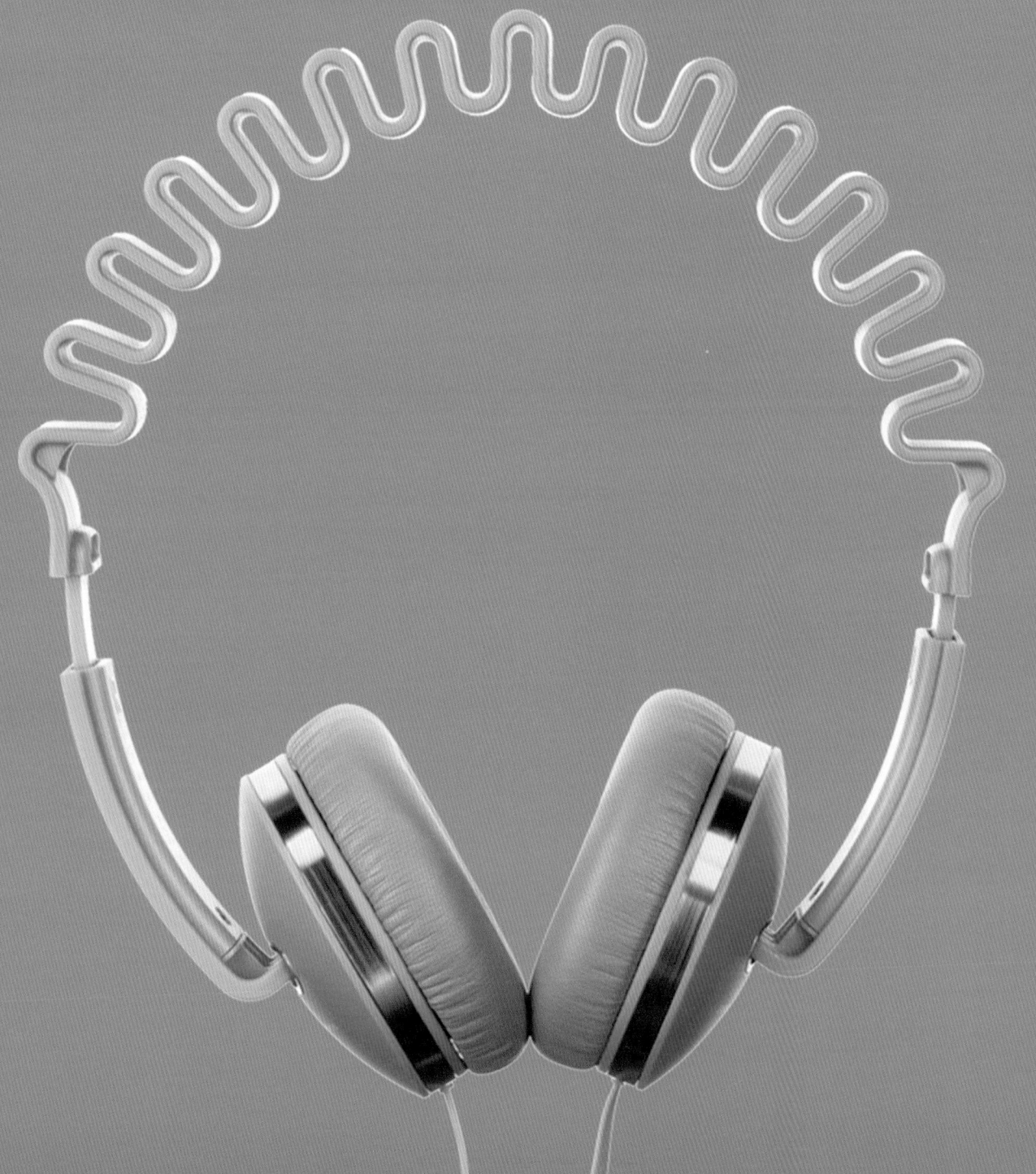
이노웨이브

●

내가 디자이너라는 천직에
'올인'할 수 있도록 동기를 부여하는 것은
언제나 사람들을 관심 있게 지켜보는
내 호기심이다.
주위의 많은 사람에게서 '언제든지'
디자인의 영감을 받을 수 있기 때문이다.

● ●

사람들의 일상을 눈여겨보는 습관은 남들에게는 보이지 않거나 그냥 지나칠 수 있는 결정적 순간을 포착할 기회를 끊임없이 가져다준다. 구글의 부사장 출신으로 야후의 새로운 CEO가 된 마리사 메이어 Marissa Mayer는 "새로 선보이는 솔루션을 사용자들이 진짜로 필요로 한다면 그들은 대가를 지불하고 사용할 것이다. 그렇지 않다면 사용자들에게 광고하고 싶은 광고주들이 지불할 것이다"라는 명언을 남겼다. 성공하려면 사용자들에게 진짜로 필요한 것을 만들어야 한다. 그리고 그것이 무엇인지 알려면 끝없는 호기심으로 그들을 관찰해야 한다.

●
많은 경우 사람들은
원하는 것을 보여주기 전까지는
무엇을 원하는지도 모른다.
— 스티브 잡스

●●

스티브 잡스를 두고 자기 혼자만의 열정을 태운 사람이라고 오해하는 이들이 종종 있다. 하지만 잡스의 혁신은 스마트시대에 진입한 우리 모두에게 상상을 초월하는 혜택을 남겼다. 창의력을 나누는 것은 후세를 위한 최대의 나눔이다.

실제로 사람들은 다양한 욕구와 필요성을 느끼지만 스스로 그것을 규정하지 못하고 막연한 불편과 불만을 느끼며 산다. 창의적인 상품을 개발하는 프로세스는 사용자의 꿈을 엿보고, 그들이 설명하지 못하는 욕망을 찾아내는 데서 시작해야 한다. 사용자가 꿈꾸는 상품을 만들어 그들을 행복하게 하고, 그 마음속에 내 브랜드를 각인하는 것이 디자인의 전부다.

●

창조하려면?
사람에 대한 배려를 키워라!

● ●

관심을 가지고 사람들의 행동을 관찰하면 그들에게 필요한 것이 보이기 시작한다. 디자인은 사람들의 충족되지 않은 필요성 unmet needs과 말로 표현할 수 없는 욕구 unspoken wants를 채워주는 일이다. 사람들의 생활을 관찰하면 신상품의 아이디어는 무궁무진하게 찾을 수 있다. 결국 디자인은 '배려'에서 나온다!

현대 mnsoft 블랙박스

T-Line x 이브자리 앞치마, 쿠션

- ### 창조하려면?
  ### 불편한 것을 참지 마라!

- - 내 불편을 해결하는 작은 아이디어 하나가 많은 사람의 환영을 받는다. 크게 성공한 상품들도 대부분 이렇게 시작한다. 새로운 미래를 만드는 창조의 가장 중요한 역할은 우리 생활에 무엇이 필요한지를 알아내는 일이다. 모든 새로운 것의 배경에는 '필요'와 '불편'이 자리하고 있었다. 불편과 부족, 필요를 먼저 인식하는 사람이 세상을 이끈다.

●
일상의 불편에 관심을 기울이는 사람들은
문제를 해결하기 위한 도전에서 흥미를 찾는다.
열정으로 찾아낸 답으로 거머쥐는
경제적 성공은 그다음 일이다.

● ●

고전적인 명언이지만 '필요는 발명의 어머니'다. 실생활에서 신제품이 창조되기 때문이다. 디자인은 신제품을 개발하는 과정뿐 아니라 생활의 불편함을 해소해나가는 과정이기도 하다. 우리는 현실을 바꾸기도 하지만 현실에 순응하는 경우가 더 많다. 이는 마치 문화와 비슷하다. 제품의 형태가 바뀌면 그것을 사용하는 우리의 생활도 바뀌지만 한번 변한 것은 한동안 그 속에서 머물 수도 있기 때문이다. 하지만 이 세상의 모든 혁신은 불편함을 참지 못하고 새로운 것을 파고드는 태도에서 출발했다는 사실을 잊어서는 안 된다.

디자인은 나눔이다

디자이너가 아이디어를 내놓는 순간 그 디자인은 이미 디자이너 개인의 것이 아니다. 아이디어가 제품으로 구현되고 나면 그것은 실제로 제품을 사용하는 사람의 것이 되기 때문이다. 결국 내게 디자인이란 70억 인구를 고객으로 삼으며, 이들 모두를 만족시켜야 한다는 책임감을 주는 일이다. 그러다 보니 가끔은 머리가 아찔할 정도로 갈 길이 멀고 할 일이 많다는 생각이 절로 든다.

디자인이 '나눔'이라는 생각은 내 디자인 멘토인 빅터 파파넥 Victor Papanek 교수님의 가르침에 뿌리를 두고 있다. 내가 파파넥 교수님을 알게 된 것은 그의 저서 《인간을 위한 디자인 Design for the real world》을 통해서였다. 이 책은 전 세계 디자이너들에겐 교과서 같은 존재다. 교수님의 디자인 철학에 큰 감동을 받은 나는 일찍이 그를 내 마음속 스승으로 삼고 존경해왔다.

책에서 교수님은 스타일링에만 신경 쓰는 디트로이트의 자동차 디자이너들에게 일침을 가한다. 자동차를 디자인할 때 운전석 옆 재떨이의 위치를 잘못 설정하면 그로 인한 교통사고로 사람들의 생명을 앗아갈 수도 있다는 지적이었다. 그 글을 보면서 나는 디자이너는 인간의 존엄성을 일순위로 여겨야 한다는 교훈을 절실히 깨우쳤다. 그리고 그의 나눔의 정신 역시 내 디자인의 근간이 되었다.

그러던 내가 교수님을 직접 만나게 된 것은 뜻밖의 행운이었다. 일리노이대학교에 재학 중이던 시절, 파파넥 교수님은 캔자스 아트인스티튜트에서 학생들을 가르치고 계셨다. 어느 날 우리 학교에서 교수님의 특강이 열린다는 소식을 들었다. 특강을 손꼽아 기다리던 나는 두근거리는 마음으로 강연장의

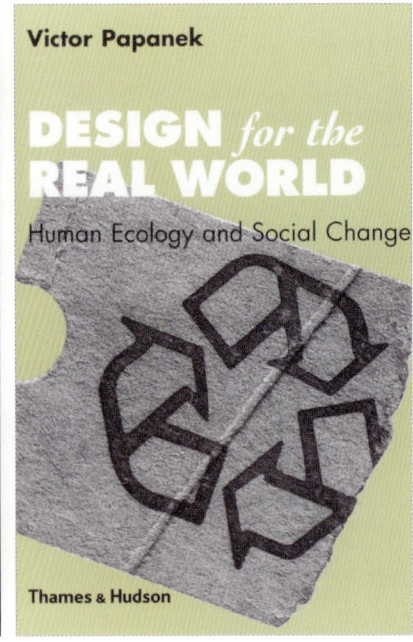

빅터 파파넥 교수와 그의 저서 《Design for the real world》. 1927년 오스트리아 빈에서 태어나 1998년 세상을 떠난 파파넥 교수는 뉴욕의 쿠퍼유니온과 메사추세츠 공과대학에서 디자인과 건축을 공부한 뒤 미국, 영국, 스웨덴, 스위스 등 세계 각지에서 디자인을 가르쳤다. 캔자스대학교에서는 1976년부터 1981년까지 디자인학과 학과장을 지냈다.

맨 앞에 자리를 잡았다. 그때만 해도 유학 초기인지라 영어가 서툴렀지만 파파넥 교수님의 강연은 나를 충분히 매료시킬 만했다.

강연이 끝난 뒤 교수님과 직접 대화를 나누고 싶은 마음이 간절해졌고, 그 간절함은 내게 뜻밖의 용기를 불어넣었다. 강연 후 일리노이대학교 교수들과 함께하는 초청 디너에 쳐들어가기로 마음먹은 것이다. 지금 생각해봐도 어디서 그런 용기가 나왔는지 놀라울 따름이다. 나는 내친김에 아예 헤드테이블의 교수님 옆자리를 차지하고 앉았다. 그날 나의 맹랑한 행동을 눈감아주신 다른 교수님들에게 다시 한 번 감사드린다.

나는 어떻게든 이 기회를 잡아야겠다는 생각뿐이었다. 잠시 상황을 살펴본 뒤 서툰 영어로 교수님에게 내 소개를 했다. 몇 년 전 교수님이 지은 책을 감명 깊게 읽었다는 이야기도 빼놓지 않았다. 교수님이 나에게 관심을 보이자 나는 바로 마음먹은 이야기를 꺼냈다.

"교수님, 한 학기 동안만이라도 제 지도교수가 되어주십시오."

지금 돌이켜보면 그때 나는 상상할 수 없을 정도로 용감했다. 그만큼 간절했다는 뜻이다. 놀랍게도 교수님은 유학생의 무모한 간청을 흔쾌히 들어주셨다. 오히려 내가 놀라고 감격해서 한동안 말을 잃었을 정도다.

몇 주 뒤, 나는 아내와 함께 작은 차를 몰고 교수님을 찾아갔다. 시카고에서 캔자스시티까지는 차로 열다섯 시간이 넘게 걸리는 거리였다. 하지만 내 마음은 즐거움과 흥분으로 가득 차 있었고, 밤을 꼬박 새워 운전했어도 가르침을 주실 선생님을 찾아간다는 생각에 피곤한 줄도 몰랐다. 교수님은 사모님과 함께 대문 앞에 나와서 우리를 맞아주셨다. 그날 빨간 대문 앞에 나란히 서서 우리를 기다리던 두 분의 모습과 며칠간의 따뜻한 환대는 지금도 잊을 수가 없다.

이런 만남을 수차례 하는 사이 나는 디자이너가 갖춰야 할 특별한 '정신'에 대해 깨닫기 시작했다. 디자인은 '나눔'이고 '사랑'이며, '인간을 위한 디자인'을 해야 한다는 파파넥 교수님의 철학이 내 마음속에도 고스란히 이식된 것이다. 왕성한 학구열로 달아올라 있던 시절에 각인된 교수님의 가르침은 그날 이후 내 디자인의 정체성으로 자리매김했다.

모든 일에서 공공의 선이 배제되면 어떤 것도 정당화될 수 없다. 따라서 내가 하는 일은 철저한 상업 디자인이지만 그 태도만큼은 상업적이어서는 안 된다. 디자이너에게는 사용자의 합리적 선택을 저해하는 어떤 일도 용납되지 않는다. 그것은 사람을 속이는 일이며, 후세대를 기만하는 일이기 때문이다.

디자인 외의 모든 일도 마찬가지다. 사람에 대한 사랑, 인류에 대한 공영이 없는 비즈니스는 자본주의의 저속한 속물근성일 뿐 절대로 가치를 인정받을 수 없다. 나는 지금껏 좀 더 많은 사람과 나누기 위한 노력이야말로 '굿 디자인'으로 형상화된다는 믿음을 가지고 디자이너로 살아왔다. 그것은 곧 디자인을 하는 이로서 느끼는 기쁨이기도 했다. 나는 앞으로도 계속해서 언제 어디서나 누구와도 디자인 노하우를 나눌 것이다. 자신이 하는 일이 누군가에게 도움을 준다는 믿음을 갖고 있는 사람들은 모두 퍼플피플이기 때문이다.

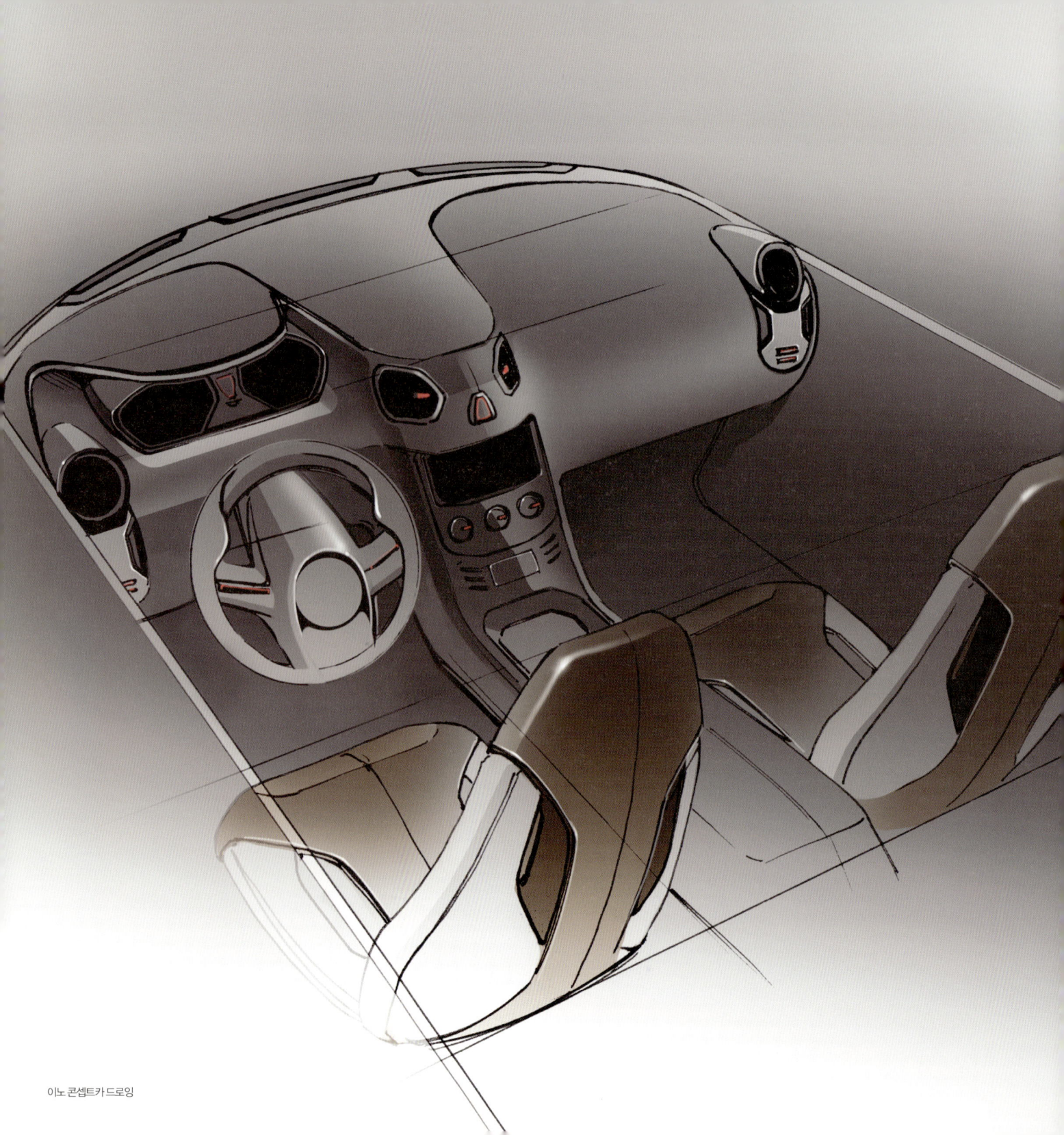

이노 콘셉트카 드로잉

●
나눔은 창조의 원천이다.
나눔은 시간이 지나도 변하지 않는
가장 트렌디한 단어다.
디자이너는 사용자에게
기쁨과 편리함을 나눠주기 위해
열정적으로 더 좋은 상품의 아이디어를 발굴해낸다.
이 세상에서 창조적인 일을 하는
모든 사람의 열정도
더 많은 이에게 기쁨을 전하려는
나눔의 정신에서 시작된다.

●●

나는 2009년 펴낸 《이매지너》에서 디자이너로서 40번째 깨달음을 '디자인은 나눔이다'라고 이야기한 바 있다. 이는 디자인의 모든 행위는 나눔과 배려의 정신에서 시작되어야 한다는 뜻이다. 사용자를 사랑하는 마음이 예나 지금이나 변함없이 나를 가르치고 깨어 있게 하는 선생이다. 퍼플피플이라면 누구나 그 같은 선생을 모시고 있을 것이다.

●
어떤 것을 창조하든
목표는 하나다.
사용자를 행복하게 만드는 것!

● ●

누군가 나에게 "예전에는 차가운 머리만으로 돈을 벌었는데 이제는 따뜻한 마음 없이는 돈을 벌 수 없다"라고 말했다. 나는 그의 이야기에 무릎을 쳤다. 이제는 철저히 사용자 중심인 상품이 아니면 환영받을 수 없는 시대다. 정보는 상품보다 빠르게 유통되고 있으며, 사용자들은 어떤 것이 자신을 위한 최선의 선택인지 훨씬 쉽게 판단할 수 있게 되었다. 자신의 취향이 아닌, 상대를 위한 취향을 담은 따뜻한 마음과 배려, 그것이 혁신의 시작이자 끝이다. 성공할 수 있는 기회를 잡으려면 그 위력과 가능성에 집중해야 한다.

●
디자인은 긴 역사를 통해
합리성과 감동을 팔아왔다.
하지만 이제는
의미를 팔아야 하는 시대다.
디자이너들은 자신들의 디자인이
사용자에게 '어떤 의미를 제공할 수 있는가'를
가장 먼저 물어야 한다.

● ●

사용자는 자신에게 다가오는 디자인과 브랜드가 어떤 의미를 가져다줄지 묻는다. 다양한 사용자와 성공적으로 소통하려면 당신이 만들어내는 제품이나 서비스의 의미가 철저히 개별화되어야 한다. 사용자 한 사람 한 사람이 지닌 욕구와 욕망을 분석하는 것이 일의 성패를 좌우한다. 퍼플피플 대열에 동참하려거든 사람들에게 애정을 갖고 그들을 관찰해야 한다고 말하는 것은 바로 이 때문이다.

마케팅의 꿈을 이루려면? 사용자를 감동시켜라!
사용자를 감동시키려면? 사용자의 마음을 읽고 그 마음을 채워라!
나는 이 모든 과정이야말로 디자인의 시작과 끝이라고 생각한다.

페이스북 창업자 마크 저커버그가 대단한 것은 그가 상품이나 시스템과 같은 과거의 가치를 좇지 않고, 사람들의 삶과 관계라는 가치를 중요시하며 꿈을 만들어가고 있다는 점이다. 산업시대에는 생각하지 못했던 새로운 가치가 사람들을 움직이기 시작하는 것이다.

●
당신 인생보다 더 오래 지속될 수 있는 outlast
무언가를 세상에 남길 수 있다면
인생을 훌륭하게 산 것이다.
비틀스는 우리가 여전히 즐기는 음악을 남겼고,
피카소는 그림을,
스티브 잡스는 애플을 남겼다.
당신은 무엇을 남길 것인가?

● ●

딸 수진은 요가를 가르치며 자신뿐 아니라 다른 사람들과도 행복을 나눈다. 아들 윤민은 음악을 통해 자신과 주변 사람들을 행복하게 한다.

디자인 역시 마찬가지다. 디자인은 내가 좋아서 하지만 결과적으로 다른 사람들에게 기쁨을 줄 수 있다. 디자이너의 아이디어로 탄생한 제품을 판매해 수익이 나오면 기업이 성장한다. 그 기업은 새로운 일자리를 창출해 많은 사람에게 기회를 줄 것이다. 여기서 국가경쟁력이 높아지고 선진국가로 가는 길이 열린다. 나도 모르는 사이에 누군가를 기쁘게 할 수 있다면 이것이야말로 커다란 나눔이 아니고 무엇이겠는가!

INNOTIC (Make-up Applicator)

이노핸디

홈플러스 PB 가구

러브마크 마케팅

나이키의 경쟁사는 어디일까? 흔히 아디다스나 리복 같은 스포츠웨어 브랜드를 떠올릴 것이다. 하지만 나이키는 닌텐도를 경쟁사로 선포했다. 갤럭시S의 경쟁사가 코카콜라라는 말도 나왔다. 이처럼 엉뚱하기만 한 등식이 성립하는 이유는 무엇일까?

얼마 전까지만 해도 비즈니스에서 성공을 판가름하는 기준은 제품과 서비스의 시장점유율이라는 개념이 지배적이었다. 예를 들어 스포츠웨어 시장에서는 나이키, 아디다스, 리복 같은 전문 브랜드가 시장을 각각 얼마만큼 점유하고 있는지가 중요했고, 그에 따라 점유율을 높이는 데 모든 노력을 집중했다. 하지만 이제는 달라졌다. 평소 나이키 운동화를 신고 농구하는 것을 즐기던 10대 남학생이 닌텐도로 게임하는 재미에 빠지면 농구는커녕 아예 운동화를 신고 집 밖으로 나가는 일조차 꺼리게 된다. 그러니 이제 기업이 주목해야 할 것은 스포츠웨어 시장에서의 점유율이 아니라, 이 남학생의 마음속에 농구가 얼마만큼 비중을 차지하고 있으며, 닌텐도에 빼앗긴 비중이 어느 정도인지 측정하는 것이다. 그다음에는 빼앗긴 관심을 되돌릴 만한 가치를 찾아내 남학생에게 다시 보여줘야 한다. 그래야 남학생의 마음이 다시 농구와 나이키 운동화로 향할 것이다.

케빈 로버츠 Kevin Roberts(1949~)

영국 랭카셔 출신으로 질레트, P&G, 펩시콜라 등 굴지의 글로벌 기업에서 마케팅 매니저와 지역담당 경영자를 역임했다. 1997년부터는 세계적인 광고대행사 사치앤사치(Saatchi&Saatchi)의 최고 경영자로 활동하고 있다. 2003년 '올해의 세계광고업체 네트워크'로 선정되었으며, 영국 케임브리지대학교 경영대학원과 아일랜드 리머릭대학교의 교수이기도 하다.

케빈 로버츠는 고객의 감성적 온도를 높여 '사랑'으로 충성도를 높여야만 기업과 브랜드가 살아남을 수 있다고 주장한다.

이를 위해 영국의 국제 광고대행사 사치앤사치 Saatchi & Saatchi의 CEO 케빈 로버츠Kevin Roberts는 '러브마크 마케팅'이라는 개념을 선포했다. 러브마크는 고객의 열렬한 사랑을 받는 브랜드를 칭하는 것이다. 러브마크는 사람들이 의사를 결정할 때 머리가 아니라 가슴으로 한다는 사실을 명확하게 이해한다. 이제 기업은 '제품을 판매하기'보다는 '고객에게 구애하는' 방법을 취해야 한다는 게 중심 개념이다. 그렇다면 이런 러브마크는 어떻게 만들 수 있을까?

답은 간단하다. 바로 '사랑'이다. 우리가 사랑하는 사람을 함부로 배신하지 못하는 것처럼, 고객들로 하여금 기업과 브랜드를 사랑하게 만들어 경쟁상품에 빼앗기지 않게 하는 것이다. 고객을 '설득'하려 하지 말고 고객과 열렬한 '사랑'에 빠져 마치 연인과 같은 관계가 되어야 한다. 그렇게 되면 고객은 기업과 브랜드를 향해 이성을 초월한 열렬한 충성도를 보여줄 것이다. 러브마크의 강력한 감성적 유혹에서 탄생한 고객의 충성도는 장기간 유대관계를 가능하게 하는 것은 물론, 작은 실수는 용서하고 실패마저 이해하게 한다. 즉 고객의 감성에 호소하는 충성도 높은 브랜드는 기업이 노력하지 않아도 고객이 먼저 그 브랜드의 수호천사 역할을 하게 된다는 얘기다.

한 가지 예를 들면 세탁세제를 만드는 기업이 탈세 같은 부도덕한 일을 저질렀다고 하자. 그것이 일반 브랜드라면 사람들은 이내 다른 세제 브랜드를 찾아서 떠날 것이다. 세제 브랜드는 얼마든지 있고, 세제 본연의 목적인 세정력은 그리 차이가 나지 않기 때문에 해당 기업을 비난하며 사용하던 제품을 바꿈으로써 불매운동에 참여한다.

하지만 그 브랜드가 러브마크라면 이야기는 달라진다. 사람들은 이 사건에 뭔가 정치적 배경이나 모함이 있을 것이라고 생각하거나, 어느 기업에서나 일어날 수 있는 일반적 관행쯤으로 받아들인다. 그들은 애써 사건의 의미를 축소하며 자신의 러브마크를 보호하려는 움직임을 보이기도 한다. 그중 일부는 직접 브랜드를 구제할 방법을 찾아나서기도 한다. 이러한 고객의 맹목적 사랑은 기업이 아무리 많은 돈을 쏟아부어도 살 수 없는 매우 큰 가치다.

러브마크는 사람들이 의사결정을 할 때 머리가 아닌 가슴으로 한다는 사실에 주목하고 있다. 한 조사에 따르면 80%의 사람이 감성적 이유로 제품을 구매하고, 나머지 20%가 이성적 이유로 제품을 구매한다고 한다. 이성은 결론을 이끌어내는 반면, 감성은 행동을 이끌어낸다. 감성에 충실할수록 행동에도 적극적이기 때문에 마케팅이 효과를 거둬 소비자가 물건이나 서비스를 구매하게 하려면 감성을 건드릴 줄 알아야 한다는 얘기다.

지금은 감성의 시대다. 좌뇌 위주의 경쟁력만 가지고는 경쟁에서 승리하기 어렵다. 논리만으로는 비즈니스에서 성공할 수 없는 것이다. 경쟁력은 이제 사람의 마음을 차지하는 우뇌적인, 감성을 자극하는 브레인에서 찾아야 한다.

물론 디자인 자체만 놓고 이야기하면 디자인은 감성과 이성의 접점에서 균형을 잘 잡아야 하는 일이다. 디자이너는 좌뇌와 우뇌 모두를 사용하는 사람들이다. 양쪽의 뇌를 새로운 방식으로 결합해 새 조화물을 만들어낸다. 그래서 디자인을 두고 '감성의 논리학 Emotional Logic'이라는 표현을 사용하는 것이다.

디자이너는 아름다우면서도 기능적이고, 편리하면서도 삶의 질을 한 단계 올려주는 즐거움을 만들어낸다. 그리고 그 안에 사용자에 대한 '사랑'을 담는다. 진정으로 사용자 처지를 이해하고 공감하며, 마음을 쏟아부어 만든 창조물은 분명 사용자들 마음속에 자리를 잡을 것이라는 사실을 아는 까닭이다. 그렇다면 디자인의 결정적인 파워 또한 감성에 빚지는 셈이 된다.

T-Line 캔들 세트와 머그컵 세트

T-Line 플레이트 세트

히트상품을 만드는 방법!
사용자를 감동시킬 수 있는 광고 콘셉트를 구상하라.

디자인의 첫 번째 단계는 '크리에이팅 유저 스토리'다. 제품을 만들어놓고 스토리를 만드는 것이 아니라, 디자인을 시작하기 전에 먼저 사용자를 설정한 뒤 디자이너 스스로 사용자의 스토리를 상상해보는 것이다. 사용자가 무엇을 즐거워할지, 어떤 기능에 관심을 보일지, 공감을 이끌어낼 감성은 무엇일지를 고민한 뒤 콘셉트를 구상할 때 더욱 많은 사람이 감동할 상품을 만들 수 있다. 우리가 사고파는 것은 상품이 아니라 상품의 콘셉트라는 사실을 잊지 말아야 한다. 이 같은 패러다임의 변화는 우리의 소비생활은 물론, 산업의 형태까지 변화시키고 있다.

●
누군가를 사랑해본 적이 없다면,
지금 사랑하고 있지 않다면,
한 사람의 삶을 풍요롭게 만들 생각을 할 수 있을까?
창조의 원천은 본질적으로 사랑이다.

● ●
자신에게 중독된 고객을 갖고 있는 기업보다 더 강한 기업은 자신들의 고객에 중독되어 있는 기업이다. 이들은 어떻게 하면 고객을 기쁘게 할 수 있을지 고민하며 끝없이 상상하고 움직인다. 그리고 상상 속에 있는 모든 것을 결국 기술로 구현해낸다. 그것이 사랑에 빠진 사람들의 특성이다.

그들은 고객을 위한 서비스를 미친 듯이 퍼부을 것이고, 무섭게 성장해나갈 것이다. 음성인식 서비스로 개인 비서 역할까지 해내는 아이폰의 시리Siri를 보라. 고객을 기쁘게 하고, 고객의 삶을 풍요롭게 해주려는 끝없는 상상이 어떻게 기술로 구현되는지를 유감없이 보여주었다. 혁신은 그런 것이다.

INNOTIC (Facial Cleanser)

●

페이스북 경영의 5대 원칙 중
'사회적 가치를 만들어라'는 말이 있다.
이는 모든 기업과 개인이 존재하는 이유다.
사회적 가치를 제공하지 못하는 기업은
세상 사람들 곁으로 다가갈 수 없다.

● ●

2012년 2월 1일 페이스북은 역대 인터넷 기업 중 최대 규모의 기업공개를 신청했다. 창업자이자 CEO인 마크 저커버그는 이날 '미래의 투자자들'에게 보내는 장문의 편지에서 경영의 5대 원칙을 약속했다. '임팩트에 주목하라, 신속히 움직여라, 과감하라, 열려 있어라, 사회적 가치를 만들어라' 라는 그의 모토는 끊임없는 개선과 재시도에 몰두할 것을 강하게 보여줬다. 내가 그중에서도 사회적 가치에 가장 주목하는 이유는 세상의 더 나은 변화가 여기에서 시작되기 때문이다.

●
소비자 트렌드 중 가장 주목해야 할 변화는
소비자 취향의 '다양성'이다.
'다양성'과 '경제성'을 동시에 만족시키는 디자인 전략이
히트상품을 만드는 비결이다.
이러한 틈새시장은 매우 빠르게 성장하고 있다.

● ●

지금은 남들과 같다는 것을 부끄러워해야 할 만큼 개성과 다양성이 중시되는 시대다. 이 세상에 똑같은 사람은 단 한 명도 없다. 사람을 연구하는 디자이너들은 이 사실을 명심해야 한다. 70억 인구의 컬러를 읽고, 그 데이터를 정확하게 분석할 줄 알아야 70억 명에게서 환영받는 디자인을 만들어낼 수 있다.

소비자의 급격한 변화와 다양한 욕구 그리고 개성을 만족시키는 기업은 세계화에 한 발 더 가까이 다가갈 수 있다. 이러한 변화를 만들어가는 중심에 2030세대가 있다. 기업이 지금껏 주목해온 2030세대의 행동과 생각, 작은 습성이 레드오션이라면, 이들의 새로운 변화는 블루오션이다. 우리가 이 두 시장의 장점만을 채용한 새로운 시장인 퍼플오션을 포착한다면 발상의 전환을 이뤄낼 수 있다.

●
가슴이 없는 천재라는 말은 난센스다.
천재는 위대한 지성이나 탁월한 상상력,
심지어 이 두 가지를 합쳐도
절대 만들어지지 않는다.
천재를 만드는 것은
오직 사랑, 사랑, 사랑뿐이다.

― 모차르트

● ●

배고픈 시절이 지나면서 이제는 살기 위한 방식에 집중할 필요가 없어졌다. 그 대신 당신을 기쁘게 해줄 일을 찾는 데 관심을 기울이는 감성의 시대가 왔다. 기술과 기능으로 무장한 제품에서 나를 기분 좋게 만들고 감동을 주는 제품을 찾는 쪽으로 수요가 변하고 있다. 이 새로운 세상을 살아갈 서바이벌 카드는 사용자 만족을 넘어 사용자 감동으로 이어지는 제품을 개발하는 것이다. 보는 사람의 마음을 열고 행복하게 만드는 일이야말로 많은 사람을 변화시키고 세상을 바꾸는 수단이 된다.

홈플러스 PB

어린아이처럼 상상하자

Think Like Children!

모든 아이는 아티스트로 태어난다.
다만, 그들을 아티스트로 지키는 것이 문제다.

― 파블로 피카소

번뜩이는 아이디어가
떠오른 순간

나는 흔히 말하는 벤치마킹이라는 단어를 싫어한다. 벤치마킹이란 이미 누군가 가본 길을 따라가는 것이다. 나에게 더 흥미 있는 일은 세상 사람들이 가보지 않은 길을 가보는 것이다. 나는 창의 습관을 이런 식으로 만들어간다.

오래전 동양매직에서 휴대용 가스레인지 디자인을 의뢰받았을 때의 일이다. 나는 '왜 가스레인지는 네모나야 할까?'라는 엉뚱한 고민에 빠졌다. 가스레인지가 네모나다는 것을 문제 삼는 사람은 아무도 없었고, 심지어 그런 사실을 인지하는 사람조차 흔치 않았다. 그냥 이전보다 더 예쁜 네모난 가스레인지 디자인을 해주면 그만이겠지만 나는 왠지 네모난 가스레인지가 틀에 박힌 것 같아 싫었다. 문제는 네모난 것을 대체할 뾰족한 아이디어가 떠오르지 않는다는 것이었다.

그러던 어느 날, 저녁 식탁에 바닷가재가 올라왔다. 빨갛고 길쭉한 몸통에 오므렸다 폈다 할 수 있는 집게발…. 순간 내 머릿속에는 새로운 스케치가 그려졌다. 요리가 끝난 뒤 다리를 접

바닷가재를 응용한 가스버너 'Lobster'

을 수 있다면 부피를 획기적으로 줄여 유통비용이 감소될 터였다. 특히 해외로 수출하게 될 경우, 엄청난 운송비 절감 효과를 기대할 수도 있었다. 일단 개념이 잡히자 아이디어가 술술 풀려나가기 시작했다.

디자인 발표가 있던 날, 나는 만약을 위해 모델을 두 개 더 만들어 변화가 적은 것부터 차례로 선보였다. 사각형에서 모서리를 라운드로 변형시킨 디자인이 나오자 다들 훌륭하다며 맘에 들어하는 분위기였다. 두 번째 디자인을 내보였다. 이번에는 가스통 부분을 제외하곤 전체가 원형이었다. "그 또한 마음에 든다." "세련된 느낌이 든다"며 고개를 끄덕였다.

세 번째로 바닷가재 모양의 가스레인지를 선보이자 좌중이 술렁였다. 일제히 시선이 집중되며 '저건 도대체 뭐지?' 하는 표정을 지었다. 내가 가스레인지의 다리를 접었다 펴는 시연을 해 보이자 박수가 쏟아졌다. 그 일을 두고 동양매직의 이영서 사장은 "그의 디자인은 윤복희의 미니스커트처럼 참신하고 새로웠다"라고 평가하기도 했다. 내가 발표에서 제안한 세 가지 디자인은 모두 동양매직에서 상품화되어 디자인계의 이목을 집중시켰다. 그중에서도 바닷가재를 모티프로 한 가스레인지는 1993년 예술인들의 아카데미상이라고 불리는 IDEA상을 수상했다. '디자인은 단순히 멋진 외관을 그리는 것이 아니라 창조하는 것이라는 이념을 극적으로 보여주었다'는 평가를 받았다.

돌이켜보면 가스레인지 프로젝트는 여러 가지 면에서 머리가 아팠다. 네모난 모양은 싫은데 딱히 좋은 아이디어가 떠오르지 않았다. 참신한 아이디어가 떠오른 뒤에도 너무 파격적인 디자인이 받아들여지지 않을 것을 염려해 또 다른 시안까지 준비하는 등 시간도 노력도 다른 프로젝트에 비해 많이 들어갔다. 하지만 그렇게 골머리를 앓으며 고민하는 시간이 길어지는 동안 프로젝트에 대한 관심이 높아지면서 집중력이 극대화되었다.

실제로 번뜩이는 아이디어가 절실한 순간 나는 평소보다 더 용감해지고, 영감 또한 반짝이는 것을 자주 경험하곤 한다. 듣자하니 다른 분야의 작가 중에도 뇌수를 첨예하게 곤두세우기 위해 자신을 벼랑 끝에 세우는 이들이 있다고 한다. 디자이너도, 디자이너가 아닌 사람도 창의력 에너지를 충전하려면 대상에 더욱 집중해야 한다. 분명한 목표의식을 갖고 절실하게 원할 때 세상의 에너지가 내게로 집중되고 섬광처럼 번뜩이는 아이디어가 머릿속에 불을 켜는 것이다.

어떤 프로젝트에 열중해서 남다른 아이디어를 끌어낼 수 있는 사람들에게는 퍼플피플의 기질이 있는 것이다. 창의력은 자율적인 열정에서 나온다.

휴대용 가스버너 'Lobster'

●
이 세상에서 가장 큰 힘은
'기술'이 아니라 '상상력'이다.
상상이란 마음의 눈으로 보는 세상이다.

● ●

인간이 태어날 때 타고난 능력 중 가장 귀한 것은 상상력이다. 아무리 과학기술이 발달해도 영원히 빼앗기지 않을 재능은 상상력이기 때문이다. 피카소는 "모든 아이는 아티스트로 태어난다. 다만 그들을 아티스트로 지키는 것이 문제다"라고 갈파했다. 따라서 어린이들이 타고난 상상력을 유지하는 것이 교육의 기본이 되어야 한다.

●
아이디어는 우연히 탄생하지만
그 과정은 우연한 것이 아니다.
중요한 것은
'그것을 어떻게 떠올릴 수 있었을까?'
하는 것이다.
엄청난 집념으로 노력하는 사람에게는
우연이 필연으로 다가온다.

● ●

때때로 창의적인 사람들은 다소 게으른 것처럼 보인다. 하지만 창의적이 되려면 다른 사람보다 더 부지런해야 한다. 넘치는 아이디어를 실천하려면 시간이 많이 필요하기 때문이다. 반대로 말하면 게으른 사람들은 분주하게 움직이는 것보다 포기하는 쪽을 택하기 때문에 창의적이지 못한 것이 된다.

정직하지 않은 사람 역시 창의적일 수 없다. 남의 아이디어를 아무렇지도 않게 도용한다면 자신만의 진지한 독창력을 개발할 기회마저 날아가 버리기 때문이다. 진정한 창의력은 남과의 경쟁 속에서 차별화하려는 노력으로 완성된다.

●

모범생보다 모험생이
더 창의적인 인재가 될 확률이 높다.
모범생이 되려면
선생님의 말씀을 잘 들어야 하지만,
모험생이 되려면
자신의 호기심을 채워야 하기 때문이다.

● ●

어린아이의 눈빛이 유난히 반짝이는 것은 그들의 호기심이 새로운 것을 찾고 있기 때문이다. 어른이 되었다고 해서 호기심을 버릴 이유는 없다. 나를 움직이는 것은 언제나 호기심이었다. 눈을 들어 주변을 둘러보라. 창의력을 촉발하는 요소들은 일상생활 속에 항상 떠다니고 있다. 당신이 호기심을 잃지만 않는다면 창의적 발상을 자극하는 요소들이 눈에 들어올 것이다.

●
드림웍스 설립자 스티븐 스필버그Steven Spielberg는
"꿈을 낮에 꾼다"라고 말했다.
꿈꾸는 일이 직업이라는 그는
미래형 인재인 '이매지너(상상력으로 가치를 생산하는 사람)'를
대표하는 인물이다.
이매지너Imaginer는 창의 산업의 원동력이다.

● ●

어떤 사람의 상상이 세상을 더 아름답게, 편하게, 기쁘게 만들어 부가가치를 창출한다면 그것이야말로 생산적이고 가치 있는 것이다. 그것이 이매지닝이고, 그것을 활용하는 사람들이 바로 이매지너다. 이매지너는 머릿속에 떠오른 아이디어를 스케치북에 그리는 데 만족하지 않고 그 스케치를 상품이나 작품으로 탄생시키고자 하는 욕망을 품고 있다. 스필버그, 레오나르도 다빈치, 스티브 잡스처럼 현실에서 창조하고 싶은 욕망을 갖고 구현해나간다. 그들은 밤이 아닌 낮에 꿈을 꾼다. 상상을 현실로 만들기 위해 꿈꾸는 것이다.

●

이매지너가 되려면 어떻게 해야 할까?
가장 중요한 것은 순간적으로 떠오르는
아이디어를 포착하는 능력이다.
스케치가 안 되면 메모라도 남겨야 한다.

● ●

나 역시 아이디어가 떠올랐을 때 그것을 기록으로 남기는 습관이 있다. 하루에도 몇 번씩 스케치를 해서 미국에 있는 직원들에게 보낸다. 그다음에는 전화로 소통하며 실제로 구현할 방법을 찾는다.

이들 중 상당수가 뜻밖의 성과가 되어 돌아오곤 했다. 커다란 반향을 불렀던 두 번 접는 노트북은 커피를 마시며 작업하던 중 '테이블이 너무 좁은데, 이 노트북을 좀 더 작게 만들 수 없을까?' 하는 생각에서 끼적인 스케치 한 장에서 시작되었다. 이렇다 보니 때로는 냅킨이 스케치북으로 활용되기도 한다. 준비 없이 커피 한잔 마시러 나간 순간에도 아이디어는 떠오르기 때문이다. 어떤 방법이든 순간의 아이디어를 놓치지 않고 그것에 몰입할 줄 아는 힘을 키운다면 당신도 어느 순간 이매지너가 되어 있을 것이다.

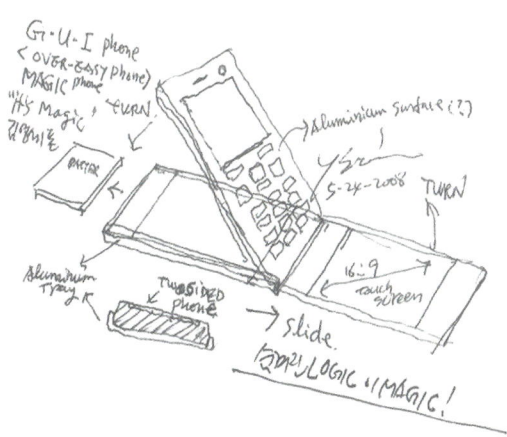

●
가슴으로 생각하면
사람들이 필요로 하고 원하는 게
무엇인지를 발견할 수 있다.
그리고 머리로 행동할 때
그들을 위한 답을 찾을 수 있다.

● ●

아무리 새로운 아이디어라도 생각에만 머무르는 것은 창의성이 아니다. 창의성은 보고, 듣고, 느낄 수 있는 행동이다. 창의성을 이론적 방식으로 교육하기 어려운 이유가 바로 여기에 있다. 창의성은 발견하는 것이 아니라 생존경쟁 속에서 살아남기 위한 노력으로 진화된다. 타고난 재능을 낭비하는 사람도 있고, 끊임없는 노력으로 창의성을 재창조하는 사람도 있다. 결국 승부는 노력의 차이로 만들어진다. 우리가 누군가를 앞선다는 것은 생각에만 그치지 않고 그것의 가치를 확장하려는 실행에 들어갔다는 뜻이다.

LG디오스 양문형 냉장고

바비MP3

무엇이
창의력을 죽이나

일찍이 마하트마 간디Mahatma Gandhi는 '이 세상에 있어서는 안 되는 여섯 가지'에 대해 이야기했다. 그가 지적한 것은 '원칙 없는 정치, 희생 없는 종교, 양심 없는 상술, 인성 없는 과학, 도덕 없는 쾌락, 땀 없는 부'였다. 다른 것들이야 이미 오래전부터 전해 내려온 덕목이라 하더라도 1948년 세상을 떠난 간디가 그 시절에 '인성 없는 과학'을 염려한 것은 참으로 높은 혜안이 아니었나 싶다.

내가 이 이야기를 처음 들은 것은 2008년 미국의 산호세 성당 미사에서였다. 당시는 미국의 금융사태가 논란이 된 즈음으로, 신부님은 '땀 없는 부'의 위험성을 설명하기 위해 간디 이야기를 꺼낸 참이었다. 하지만 내게는 무엇보다 '인성 없는 과학'이 흥미로우면서도 인상 깊게 다가왔다. 직업의 특성상 기술의 변화에 민감할 수밖에 없기 때문이다. 지금껏 수많은 디자인 프로젝트에 참가했지만 그중에서도 첨단기술이 중심이 되는 전자, 전기, 자동차 같은 상품의 개발에 주로 참여해왔기에 유독 가슴에 와닿았던 것이다. 그날 이후 '인성 없는 과학'은 내 머릿속에 깊이 새겨져 나를 규정하는 하나의 모토가 되었다.

최근의 디지털기술은 물론이거니와 지난 수백 년간의 산업시대에 개발되고 발전되어온 기술은 생활을 편리하게 만들어주는 대가로 우리 삶을 조정해왔다고 해도 지나친 말이 아니다. 사람들은 모두 눈부시게 발전하는 기술과 과학의 혜택을 누리며 편리한 생활을 영위해왔다. 그 기술을 개발하고 결과물을 생산해 공급하는 기업들은 경제권을 쥐고 세계를 이끌어왔다.

더군다나 인터넷을 비롯한 디지털기술은 역사

가 50년 정도밖에 되지 않았다. 하지만 21세기를 급속도로 변화시켜나가고 있다. 디지털기술의 발전은 세계를 하나로 묶어놓았고, 우리는 말 그대로 '하루가 다르게 바뀌는 세상'에서 살고 있다. 어쩌면 우리 나름대로 가꿔나가고 있는 라이프스타일도 사실은 거대한 트렌드가 정해주는 것에 불과할지도 모르겠다. 자본가들은 새로운 기술을 개발해 우리 삶을 변화시키고, 우리는 자의에 따라, 또 절반은 타의에 따라 변화된 삶을 살아가니 말이다.

그렇다면 60여 년 전 세상을 떠난 간디가 우려했던 '인성 없는 과학'의 시대가 이미 다가온 것일까? 그럼 우리는 이 변화에 어떻게 대처해야 할까?

언젠가 출장을 가서 호텔에 묵고 있던 나는 중요한 비즈니스 약속이 있어 바삐 호텔방을 나섰다. 그런데 복도 저 멀리 세탁물 카트를 밀고 가는 메이드를 보자 '셔츠를 세탁해달라고 요청했어야 하는데 깜빡했구나!' 하는 생각이 들었다. 그 순간 문득 엉뚱한 아이디어가 뇌리를 스쳤다.

머지않아 호텔에도 메이드 역할을 대신할 로봇이 등장하지 않을까? 나 같은 손님들을 위해 로봇이 객실을 방문해 청소를 해줄 뿐 아니라 세탁물도 챙겨주고, 깨끗하게 다려놓은 셔츠를 방으로 가져와서 옷장에 정리해주면 정말 편할 텐데 말이야. 이런 일들을 모두 스마트폰과 연계된 시스템이 처리한다면

과학기술의 발달로 우리의 생활은 점점 편리해졌지만, 인성 없는 과학은 결코 인류에게 행복한 미래를 가져다줄 수 없다.

어려운 일도 아닌 것 같은데. 이미 스마트폰으로 집에 있는 가스불도 잠그고 에어컨도 켜는데 빨래라고 못 시킬 일이 없지 않은가? 그렇다면 내가 그런 로봇을 직접 디자인해볼까?

생각은 급속도로 내달아 머릿속에서는 이미 메이드 로봇이 빨래를 정리하고 있었다. 그런데 다음 순간, 갑자기 머릿속이 복잡해졌다. 내 아이디어처럼 호텔 메이드를 대체할 로봇이 개발돼서 모든 호텔에서 사용하게 된다면 조금 전 복도 끝에서 카트를 밀고 지나간 메이드는 직장을 잃게 될 것이 아닌가? 나

는 씁쓸하게 혼자 웃으며 호텔 메이드 대체용 로봇 디자인은 더 추진하지 않기로 마음먹었다.

그러나 그날 내 경험은 빙산의 일각에 지나지 않는다. 하루가 다르게 발전하는 기술과 자동화 물결은 이제 몇몇 개인의 힘으로는 막을 수 없을 정도로 우리 생활에 엄청난 영향력을 행사하고 있다. 우리가 자신과 가족을 위해 돈을 벌던 직장은 그것이 블루칼라건 화이트칼라건, 서서히 기술이 대체해나갈 것이다. 간디가 그토록 경계하던 '인성 없는 과학'의 시대가 오고 있는 것이다.

시장조사 기업인 포레스터 리서치Forrester Research의 발표 자료에 따르면, 미국에서는 앞으로 15년간 화이트칼라의 일자리가 330만 개 사라질 것이라고 한다. 이는 브릭스BRICS(브라질·러시아·인도·중국·남아프리카공화국의 신흥경제 5국) 같은 거대 저임금 국가의 등장과 고도로 개발된 로봇 등 기술의 발달이 가져온 결과로, 피할 수 없는 전 세계적 트렌드가 되었다. 기업은 항상 이윤이 높은 쪽을 선택하기 때문에 실직으로 개인이 감내해야 하는 고통에는 관심이 없다. 기업의 이윤이 늘어날수록 개인의 일자리가 줄어드는 이 황당한 아이러니는 우리 스스로 풀어야 할 숙제다.

물론 과학의 발전은 우리 생활을 더욱 편리하게 만들었다. 이는 누구도 부정할 수 없는 사실이다. 하지만 이윤만 좇는 '인성 없는 과학'은 우리의 일자리를 위협하고 있다. 게다가 우리의 창의력마저 죽이고 있다. 과학으로 스마트해진 시대에 과연 우리는 더 똑똑해지고 창조적으로 변했을까? 인터넷, 정보기술, 스마트기기의 발달은 책을 읽으며 밑줄을 긋고 지식을 얻기보다 검색을 해서 손쉽게 정보를 얻을 수 있도록 도와주었다. 결국 생각하지 않는 시간이 폭발적으로 늘어난 것이다. 과학을 맹목적으로 추구하는 것이 생각 없는 사람들, 즉 창의력 없는 사람들을 양산해내고 있다. 과연 우리는 어떻게 우리의 지식과 생각하는 능력을 지켜나갈 수 있을까?

퍼플피플 이론을 펼쳐나가고, 그 역할을 세상에 알려야 할 이유가 바로 여기에 있다. 기술과 인간의 싸움에서 인간이 승리할 수 있게 해줄 유일한 희망이 바로 퍼플피플의 활약이다. 기술이 대체해가는 생산직 근로자와 사무직 근로자의 역할을 창의적이고 자율적인 근로자가 채워나갈 것이기 때문이다.

07 | Protected Area
간규정(국문 조합 시그너쳐)

Food Corporate Identity Manual

정식품 CI

최소 공간규정은 시그너쳐 높이의 5분의 2크기 여백을 두고 적용하며
최소한의 보호 공간인 Clear Space 내부에는 보조 그래픽 요소나
색상 사용도 지양해야 하며, 각종 제작물 개발 시 Clear Space가
선행되어야 합니다.

최소크기규정
13mm

RAFFINEST

마이크로 버블 목욕기 하이디

●
산업시대에는 통했던
기업의 발전 모델이
21세기에 적절치 않은 이유는?
머릿수보다 머릿속이
더 중요하기 때문이다!

● ●

이제는 대기업도 소수의 천재에게 운명을 맡겨야 할 때가 왔다. 하던 일을 더 잘하는 것만으로는 기업의 경쟁력을 키울 수 없기 때문이다. 지금껏 기업은 머릿수로 가치를 평가해왔다. 하지만 그런 잣대는 이미 수명이 다했다. 사람의 머릿속을 들여다볼 수만 있다면 눈에 보이는 것은 가장 하찮은 것이 되기 때문이다. 그러니 의미 없는 외형에 속아 잘못 판단하지 않도록 항상 경계해야 한다. 우리에게 중요한 건 생각의 힘을 키우고 그것을 실행하는 것이다. 얼마나 많은 사람이 생각을 하느냐보다 한 사람이라도 얼마나 큰 생각을 하느냐가 올바른 선택의 기준이 된다.

●

인간의 창의력은 일곱 살 때가
절정기라는 말을 들은 적이 있다.
이 이론이 사실이라면 참 슬픈 이야기다.
창의력으로 세상에 이바지해야 할 성인기에 근접할수록
창의력이 고갈된다는 말이 아닌가?
아이들이 타고난 창의력을 잃어가는 배경에는
교육과 사회적 접촉이 절대적으로 영향을 미치니
이 또한 아이러니다.

● ●

우리는 자라면서 주어진 문제에 정답을 도출하는 훈련을 받는다. 만약 정해진 답과 다른 대답을 하면 벌을 받거나 질책을 당한다. 이런 훈련 과정이 오랜 기간 반복되다 보니 사람들은 남과 '다른' 모습이 '틀린 것'이라고 생각해 자신의 독창적인 생각을 숨기는 습관을 갖게 되었다. 이 과정에서 우리는 서서히 상상력을 잃어간다. 하지만 우리가 기억해야 할 것은 상상력이 죽으면 창의력도, 혁신도 없다는 사실이다.

●
창의력을 갖춘 인재를 키우기 위한 첫 번째 조건은
그들이 성공할 수 있는 환경을 만들어주는 것이다.
그러려면 무엇보다 기업의 인재 관리가
개인의 능력을 존중하는 방향으로 가야 한다.

● ●

어렸을 때는 큰 꿈을 가져야 한다. 평생 그 꿈을 이루기 위해 살아가야 하기 때문이다. 꿈을 이루느냐 이루지 못하느냐는 그다음 문제다.

이제 우리는 산업적 성장만으로는 부족한 시대를 살고 있다. 자동화, 컴퓨터, 로봇 등이 대체해나가는 인간의 노동시장을 다시 채울 수 있는 것은 창의력이 바탕이 된 산업이다. 따라서 미래를 이끌어갈 지도자들은 창의력을 키우는 비결을 알아야 한다. 세계적인 조류가 그 방향을 선택했으며, 앞으로는 더 빠르게 흘러갈 것이기 때문이다.

특히 우리나라는 '창의적 창업시대'에 대한 매우 진지한 숙제를 안고 있다. 우리나라의 경쟁력은 지금껏 제품에 기반을 둔 산업 분야에서 기적을 이루며 크게 성장했다. 이러한 경쟁력에 창의력을 더한다면 또다시 엄청난 성장을 이뤄낼 것이다. 그 역할을 담당해야 할 사람이 바로 퍼플피플이다.

●
미래에는 파이터fighter가 아닌
크리에이터creator가 세상을 이끌 것이다.

● ●

혁신이란 작은 변화로도 많은 사람을 감동시키는 것이다. 커다란 변화로 몇몇 사람에게만 영향을 미치는 것과는 정반대 현상이다. 바로 여기에 퍼플피플이 필요하다. 큰 조직에서 개인의 역량을 발휘하면서 독특하고 창의적인 생각을 발산하는 사람들은 주변을 퍼플컬러로 물들이며 변화를 주도해나간다. 물론 앞서 가는 사람들도 당연히 두려움을 느끼며, 아직 검증되지 않은 길을 먼저 걸어가는 데 주저하는 순간도 있다. 하지만 그들은 결국 새로운 것을 맛보고 싶어 한다. 그것이 독창적인 생각을 하는 사람들의 본능이다.

그래도 우리는 변할 수 있다

《새로운 미래가 온다 A Whole New Mind》의 저자 다니엘 핑크 Daniel Pink는 과거에는 의사, 변호사, 회계사 등 고소득 전문직을 택해야 부와 명예를 차지할 수 있었으나 디자이너, 피아니스트, 예술가 등 새로운 분야의 혁신가들이 세계적으로 명성을 얻고 성공하면서 우리 사회에서 서서히 변화의 조짐이 일어나고 있다고 말했다. 그는 특히 우뇌형 사고의 중요성이 두드러지면서 논리적이고 분석적인 직업보다 감성과 직관이 필요한 직업의 수요가 증가할 것이라고 주장했다.

쉽게 설명하면 환자의 건강을 검진하고 약을 처방하는 등 의사가 하는 일은 과학이 대체할 수 있으나, 간호사의 따뜻한 손길이나 환자를 걱정하는 마음 같은 것은 로봇이 대신할 수 없다는 말이다. 원격으로 혈당 수치를 체크하고 관리해주는 컴퓨터 시스템부터 수시로 건강상태를 확인해주는 홈 네트워크 시스템까지 이미 우리나라 아파트에 등장했을 정도로 일반화되었다. 하지만 아직도 우리는 엉덩이에 주사를 놓기 전에 "이 주사는 좀 아파요. 조금만 참으세요" 하고 말해주는 간호사의 인정 어린 한마디에 위로받는다.

다니엘 핑크가 분야를 넘나드는 멀티 스페셜리

다니엘 핑크 Daniel Pink(1964~)

예일대학교 법학박사 출신으로 경제변화와 기업전략 등 미래 트렌드를 읽는 눈이 탁월한 미래학자로 손꼽힌다. 미국 클린턴 행정부 때 엘 고어 부통령의 수석 연설문 작성자로도 알려져 있다. 〈뉴욕타임스〉를 비롯해 다양한 언론에 경제·기술 등에 관한 기사와 평론을 기고하고 있으며 《새로운 미래가 온다》,《프리 에이전트의 시대》,《드라이브》 등의 저서가 있다.

스트, 분석보다는 큰 그림을 읽을 줄 아는 감성적인 인재들이 미래 세상의 주인공이 될 것이라고 역설한 것도 바로 그 때문이다. 그가 손꼽는 '하이콘셉트·하이터치 시대에 필요한 여섯 가지 조건'은 디자인design, 스토리story, 조화symphony, 공감empathy, 놀이play, 의미meaning이다. 이들 조건을 고루 갖추고 있어야 좌뇌가 이끄는 이성적 능력을 우뇌의 감성으로 보완할 수 있다.

그의 말처럼 세상은 틀림없이 바뀔 것이다. 아니, 이미 매섭게 빠른 속도로 바뀌고 있다. 기업은 변화에 앞장서고 있으며, 그에 따라 필요한 역량과 영향력, 역할도 바뀌고 있다. 이들 사이에서 살아남으려면 우리도 지금부터 주어진 숙제를 해야 한다. 새로운 세상의 적격자가 되기 위해 절대로 기계가 대체할 수 없는 창의력을 갖추는 것이다. 기술과 과학이 아무리 발전하고, 그 산물이 우리를 지배한다고 해도 인간의 '상상력'은 절대로 빼앗아갈 수 없는 능력이기 때문이다.

구글 회장 에릭 슈미트Eric Schmidt는 인간의 상상력을 가리켜 '심장'이라고 표현했다. 2012년 5월 보스턴대학교 졸업식장에서 축사를 하러 나선 그는 "하루 한 시간, 컴퓨터 화면을 꺼라!"라는 함축적인 메시지로 축사를 대신했다. 그는 기술의 발전, 특히 인터넷과 모바일의 발전으로 그 어느 때보다 혜택을 많이 받고 있는 젊은이들에게 "기술에는 심장이 없다"라는 점을 강조하면서 컴퓨터 화면을 끈 한 시간 동안 눈앞에 있는 친구와 동료, 가족과 대화하고, 생각하고, 웃으라고 덧붙였다. 아무리 좋은 약을 먹고 기계로 관리해도 심장이 뛰지 않으면 살 수 없다는 것을 각인해준 셈이다.

어떤가, 당신은 심장이 없는 기술에 대적하기 위한 준비가 되어 있는가? 당신이 진정으로 퍼플피플로 성장하고 발전해나가기를 원한다면 지금 당장 창의력 단련을 시작하기 바란다.

●

반짝이는 아이디어 하나가
그대로 돈이 되는 일은
좀체 벌어지지 않는다.
세상 어디에도 우연히,
거저 얻어지는 것은
없다는 점을 기억해야 한다.

● ●

구글 부사장을 지내고 야후의 CEO로 있는 마리사 메이어 Marissa Mayer는 다음과 같이 말한 적이 있다. "구글에서는 아이디어가 생기면 우선 시도합니다. 완벽해질 때까지 기다리기보다 남보다 빨리 시작하고, 재해석하고, 발전시킵니다. 시장에서 원하는 모습으로 진화시키는 것입니다. 바로 이것이 구글식 혁신입니다."

●

리마커블한 것을 좋아하는 사람들은
리마커블함을 알아보고, 감탄하고,
더 리마커블한 것을 만들려는 충동을 느낀다.
이것이 창의 습관이다.

● ●

창의력을 키우려면 밖으로 돌아야 한다. 특히 익숙지 않은 곳이 좋다. 새로운 환경과 만나면 사람들의 촉이 예민해진다. 같은 원리로 각 분야의 외부 컨설턴트들은 새로운 각도로 나의 기업을 바라본다. 그들은 나의 기업에 익숙지 않기 때문이다. 그들이 나의 기업에 가치를 부여하는 것 또한 거기서 발견하는 독특함 때문이다.

●

"Innovation is creativity in action."
창조가 행동으로 이어질 때
우리는 그것을 '혁신'이라고 말한다.

● ●

혁신이란 창조를 행동으로 옮기는 것이다. 행동이 따르지 않는 창조는 아무런 가치가 없다. 멋진 생각이 떠올랐다면 그것을 지나치지 말고 반드시 잡아서 구현할 방법을 찾아야 한다. 이런 습관이야말로 퍼플피플로 진화하기 위한 디딤돌이다. 결과가 어찌될지 미리 걱정할 필요는 없다. 중요한 것은 자신이 원하고 좋아하는 일이라면 지금 당장 나가서 실행하는 용기다.

●
나는 아이디어를 생활, 사람, 세상에서 얻는다.
이제는 이렇게 얻는 아이디어들을
어떻게 사람들에게 전해주고 세상에 남기느냐가
나에게 중요한 일이 되었다.
이 숙제야말로 창의력의 승부처다.

● ●
사람들에게 아이디어를 전하고 그것을 세상에 남기려면 실행이 뒤따라야 한다. 이 과정에서는 처음부터 끝까지 창의력과 경쟁해야 한다. 아이디어는 훌륭했는데 이루지 못했다면 결과를 만들어내는 모든 과정에서 창의력이 부족했다고 평가해야 한다.

●
공상이 아니라 상상을 하라.

● ●

단순히 머릿속에서 그림 그리기로 끝내고 만다면 그것은 공상에 지나지 않는다. 하지만 상상은 사람들이 느끼는 욕구를 재빨리 파악하고 그것을 어떻게 만족시킬 수 있을지 해결책을 그려내는 것이다. 실행하지 않으면 아무리 좋은 아이디어도 허망한 꿈처럼 그저 사라지고 만다. 크리에이터를 만드는 코드는 미친 듯한 상상력을 밑천으로 이를 실행하려는 힘에서 결정된다. 당신의 아이디어를 정지시키는 '빨간 신호등'이 보인다면 즉시 새로운 신호를 찾아 떠나라.

홈플러스 PB

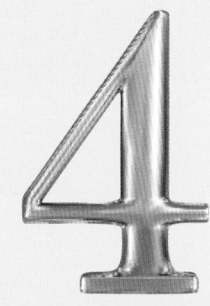

먼저 사람과 통하자

Connect With People!

적을 없애는 가장 좋은 방법은 그를 내 친구로 만드는 것이다.

— 에이브러햄 링컨

이노피플,
퍼플피플이 되다

나는 일찍부터 우리나라의 미래와 우리 젊은이의 삶의 질에 대해 끊임없이 관심과 애정을 가져왔다. 내가 처음으로 우리나라 청소년과 본격적으로 소통하게 된 때는 2000년으로 거슬러 올라간다. 나는 당시 화제를 모았던 텔레비전 프로그램인 '성공시대'에 출연했다. 새천년을 맞이하는 2000년대 첫 방송에 꼭 출연해달라는 제작진의 간곡한 요청에 응한 것이다. '성공시대'가 방영되던 날 저녁부터 하루 동안 나는 약 6,000명에게서 이메일을 받았다. 엄청난 속도로 이메일이 쏟아져 들어오던 모습은 지금 다시 생각해도 충격적이었다.

무엇보다 놀랍고 신선했던 사실은 이메일을 보낸 사람들이 대부분 청소년과 젊은이였다는 것이다. 초등학생부터 대학생까지 수많은 친구가 텔레비전을 통해 디자이너로 살아가는 내 삶을 접하면서 '디자이너 김영세'에게 호기심을 보였다. 내 이야기라서 그랬다기보다는 그동안 보지 못한 디자인 이야기라서 재미를 느낀 것 같았다.

당시만 해도 우리나라 청소년에게 '산업디자인'이라는 분야는 매우 생소했다. 그 덕분에 그만큼 더 매력적으로 다가갔다. 실제로 요즘처럼 산업디자인에 대한 니즈가 피어나기 시작한 것은 30여 년밖에 되지 않았다. 그때까지 디자인이라고 하면 패션, 인테리어, 광고 정도의 분야에만 적용된다는 개념이 전부였으니 산업디자이너를 꿈꾸던 사람들은 얼마나 막막했겠는가. '디자인'이라는 단어에 '산업'이라는 단어가 조합되고, 기업이 디자인 부서를 따로 꾸릴 정도로 관심을 둔 것 역시 얼마 되지 않았다.

우리나라에 디자인 개념이 도입된 것은 내가 디자이너가 되기로 결심한 뒤 디자인 세계에 입문한

때와 같은 시기다. 내가 한국의 산업디자인과 함께 성장해왔다고 해도 틀린 말이 아니다. 그즈음 삼성전자, LG전자, 현대자동차 등의 기업에도 디자인실이 생겼다. 당시 우리나라에서 가장 많이 타고 다니던 자동차 '포니'는 이탈리아 출신의 자동차 디자이너 조르제토 주지아로Giorgetto Giugiaro에게 디자인을 아웃소싱해서 만들었다. 불과 20여 년 전만 해도 국내 브랜드 자동차는 대부분 외국 디자이너의 작품이었으니, 산업디자인에 관한 한 한국은 불모지나 다름없었다.

그런 상황을 경험한 나로서는 '성공시대'가 방송되던 날 밤 날아온 이메일 6,000여 통이 마치 디자인의 발전을 의미하는 것처럼 느껴졌다. 기쁜 마음에 밤을 새우며 나에게 날아든 이야기를 살펴보던 중 단연 눈에 띄는 사연을 만났다. 제목부터가 시선을 사로잡았다.

'저는 나중에 김영세 디자이너를 능가하는 디자이너가 될 것입니다!'

나는 어린 제자나 후배들이 이런 식으로 당당하게 도전해오는 것을 즐긴다. 도전 자체가 자신의 디자인에 애정과 용기를 갖고 있다는 것이며, 끊임없이 노력하고 있다는 뜻이기 때문이다. 내용도 재미있었다.

'제 말을 못 믿으시겠죠? 24시간 뒤 제가 디자인한 것을 보낼 테니 한번 봐주세요.'

이메일을 읽은 것만으로도 이 친구가 얼마나 패기와 열정으로 가득 차 있는지 충분히 느낄 수 있었다. 24시간 뒤 그는 정말로 다시 이메일을 보내왔다. 파일을 열어본 나는 깜짝 놀랐다. 의자를 디자인한 스케치였는데 아마추어의 작품이라고 하기에는 실력이 만만치 않았다. 기구적 설계와 미래적 아이디어에 도면설계까지 완벽했다. 반가운 마음에 연락을 취한 나는 다시 한 번 깜짝 놀랐다. 이 멋진 스케치를 한 당사자가 고등학교 2학년 남학생이라는 것이 아닌가!

나는 디자인에 대한 그의 열정과 재능에 감동받았다. 원한다면 한국에 있는 이노디자인에서 인턴십을 해보겠느냐고 제안했다. 그는 기꺼이 이노에 발을 들여놓았고, 얼마간 시간이 흐른 뒤 서울대학교에서 산업디자인을 공부했다. 이후 헬싱키에서 유학 생활을 마치고 다시 서울대학교 대학원으로 돌아와 디자인 공부를 계속했다. 그는 디자인에 대한 열정만큼이나 자신을 성장시키기 위한 공부에도 적극적이었다. 그러는 동안에도 이노와 인연의 끈을 놓지 않고 짬짬이 인턴십을 이어갔다.

그런 그가 다시 나를 찾아왔다.

"대표님, 저는 이노맨입니다. 벌써 10년 넘게 그렇게 살았어요. 이제 준비가 끝났으니 이노에서 제대로 일하고 싶습니다."

나는 감격스러운 포옹으로 그를 이노피플로 받아들였다. 그는 지금 이노디자인의 제품디자인팀에서 디자이너로 일하고 있다.

홍보팀에서 일하는 또 다른 직원도 재미있는 사연으로 이노피플이 되었다. 그 직원은 고등학생 때 어머니가 내 강연회를 다녀와서 건넨 책을 보고 나를 처음 알게 되었다고 한다. 그 어머니는 내 강의를 듣고 너무 좋았다며 책을 사들고 와서 사인을 받아갔다. 그때 내게 묻기를 "우리 딸이 나중에 사인한 이 책을 들고 찾아가면 인턴십 기회라도 주시겠어요?"라고 했단다. 내가 그 말을 듣고 흔쾌히 "언제든지 오라고 하세요"라고 대답했단다. 물론 기억은 나지 않는다. 하지만 그런 일은 종종 있고, 나라면 분명 그렇게 대답했을 것이다.

어쨌거나 그 여고생은 내 책을 읽고 마치 나와 교감하는 듯한 감흥을 느꼈다고 한다. 특히 '사랑하는 사람에게 선물하듯 디자인하라'는 철학이 마음에 들어 이런 사람이라면 같이 뭔가 해보고 싶다는 생각이 들었다고 한다. 이후 그녀는 미국에서 대학을 졸업한 뒤 다른 회사에 입사해 일했다. 그런데 시간이 갈수록 자신과 회사의 코드가 맞지 않는다는 생각이 들었다. 고민하던 그녀의 머릿속에 떠오른 것은 이노였다. 그녀는 바로 이노에 입사원서를 넣었고 오래지 않아 면접을 보러 오라는 통보를 받았다. 물론 그녀와 나의 인연은 그녀가 입사한 뒤에야 알게 된 사실이다.

나는 언론이나 강연 등을 통해 청소년을 만나는 것을 즐겨한다. 그러다 보니 이런 식으로 인연을 맺은 이노피플이 적지 않다. 게다가 일의 특성상 일반 기업처럼 대규모 공채를 진행하거나 스펙 중심으로 사람을 뽑지도 않는다. '이노에는 나 같은 사람이 필요하다'라며 포트폴리오를 들고 찾아오는 젊은이에게 오히려 더 관심이 많다. 개중에는 디자인 실력보다는 자만심이 더 큰 사람도 있다. 하지만 디자인에 대한 그들의 열정과 스스로 자신의 길을 찾기 위해 도전하는 모습은 언제나 나를 일깨우는 자극제가 된다.

지금 디자인을 공부하는 친구들은 내가 디자인 세계에 입문했을 때와는 비교할 수 없을 정도로 좋은 환경에 있다. 자신의 기량을 펼칠 수 있는 환경도 확장되었다. 하지만 아직도 자신의 꿈에 힘을 불어넣어주는 동기에는 갈증을 느끼고 있다. 내가 쇄도하는 강연 요청 중에서도 청소년을 위한 강연을 일 순위로 두고 있는 이유가 여기에 있다. 이 땅의 모든 젊은이가 자신의 열정을 통해 퍼플피플이 되는 그날까지 나는 그들과 함께 달리고 싶다.

T-Line x 이브자리 침구류

한국에서 일할 때 쓰는 계약서에는
'갑'과 '을'이라는 명칭이 나온다.
엄연히 상호 계약을 맺는 두 기업의 회사명이 있는데도 말이다.
만일 두 기업이 함께 일한다면 항상 동등하게 존중받아야 한다.
어떤 일이건 계약하는 당사자들은
서로 이해관계가 맞아떨어져서 함께 일하는 것이지,
어느 한쪽에서 일방적으로 시혜를 베푸는 것이 아니기 때문이다.
같은 의미의 연장선에서 '당근과 채찍'이라는 말이
비즈니스 문화에서 퇴색되어가는 것은 바람직한 현상이다.
농경시대의 가축을 다루듯 고용인을 당근과 채찍으로 다루는 기업 문화는
이미 사라진 지 오래되었다.
정보화 시대를 지나 감성의 시대를 살아가는 우리에게
가장 큰 동기 부여는 일을 즐기는 과정에서 얻는 성취감이다.

∙∙

10여 년 전 어느 회사의 경영자가 나를 찾아와 자기 소망을 조심스레 털어놓았다. "이노디자인과 함께 일하려면 당연히 돈이 많이 들겠죠? 저는 우리나라에 이런 디자인 회사가 있다는 것 자체가 자랑스럽습니다. 하지만 우리 회사는 아직 대기업처럼 큰돈을 투자할 능력이 없습니다. 그래도 꼭 이노디자인과 함께 멋진 제품을 만들어내고 싶습니다. 어떠세요? 지금 당장 충분한 대가를 드릴 수는 없지만 함께 키워서 나눈다면 서로에게 큰 힘이 되지 않을까요?"

용기 있는 모습에 마음이 끌린 나는 그 제안을 기꺼이 받아들였다. 두 기업이 의기투합한 덕분일까? 이 프로젝트에서 태어난 제품은 당시 MP3 플레이어의 대명사가 된 레인콤의 '프리즘'이었다. 프리즘은 애플의 '아이팟'을 위협할 만큼 크게 성공했다. 그 결과는 연간 80억 원의 매출을 올리던 회사를 4년도 안 되는 사이에 4,000억 원 이상의 매출을 기록하는 중견기업으로 성장시켰으며, 기업명까지 '아이리버'로 바꾸게 만들었다.

혁신적 제품, 수많은 사람에게 감동을 주는 디자인, 리마커블한 기능은 어느 한쪽이 특별히 뛰어나다고 해서 만들어지는 것이 아니다. 제품이나 서비스가 탄생하기까지 모든 과정을 둘러싼 기업과 사람들이 서로 인정하고 상대방의 능력을 북돋워줄 때 새로움의 실마리가 보인다. 주목할 만한 기업과 그 기업을 이끄는 퍼플피플은 협업이 존재할 때 탄생한다.

아이리버 MP3 프리즘

●
어떤 기업이 다른 경쟁사보다
창의력에서 앞선다는 것은
그 기업이 창조적인 인재를
소중히 여긴다는
생각의 차이에서 시작된다.

● ●
지금껏 디자인은 사람의 마음을 잡을 수 있어야 한다며 인술人術이라고 불렸다. 하지만 나는 최근 들어 '디자인은 인술仁術이다'라는 사실을 깨달았다. 인仁이라는 글자에는 사람(人)이 둘(二) 들어 있다. 즉 디자인은 상대에게 일방적으로 주는 것이 아니라, 두 사람의 관계 속에서 만들어진다는 이야기다.

적극적인 소셜미디어 활동으로 500만 달러 규모의 사업을 36개월 만에 10배로 키워낸 미국의 와인 사업가 게리 베이너척Gary Vaynerchuk은 "미래에는 막대한 '관계 자본'을 가진 기업들이 성공할 것이다"라고 말했다. 그런데 이렇게 거대한 '관계 자본'도 사용자와 일대일 관계에서 시작된다. 사람과 사람의 관계를 알고, 그 관계를 얻는 것 자체가 자본이라는 뜻이다. 실제로 그는 '와인 라이브러리 TV'라는 비디오 캐스팅과 SNS 사이트를 통해 자신의 콘텐츠를 공유하는 방법으로 사업을 폭발적으로 성장시켰다.

그의 생각을 빌리면, 인술人術이 인술仁術이 된 것은 산업구조의 변화가 불러온 자연스러운 진화라고 할 수 있다. 이는 비단 디자인에 관한 이야기만은 아니다. 당신이 무엇을 하건, 또 장차 무엇을 하고 싶건 가장 먼저 얻어야 할 것은 타인과의 관계라는 것을 잊어서는 안 된다.

●

기업 경영인의 역할은
모자이크 화가와 같다.
색깔과 모양이 각각 다른 조각들을 모아
예술작품을 만드는 모자이크 화가처럼,
다양한 인재를 발굴하고 적재적소에 배치해서
창조적인 기업이라는 작품을 만들어야 한다.

●●

창조적인 기업환경을 만들려면 기업주와 기업 임직원이 화합해야 한다. 기업주는 임직원이 '주인의식'을 갖기를 원하고, 임직원은 '자유'를 누리기를 원한다. 이 두 가지 요구를 서로 주고받을 수 있어야 기업이 창조적으로 발전해나갈 수 있다.

나아가 기업이 두각을 나타내려면 새로운 아이디어를 전파하고 콘텐츠를 창출할 수 있는 신뢰할 만한 전문가의 목소리가 활성화되어야 한다. 임직원 개개인의 목소리를 보호하고 신장해줄 수 있는 기업이라면 그 역시 창조적 기업으로 성장할 수 있다.

●

협업에 성공하려면?
먼저 자신의 능력이
50%라는 깨달음으로 시작하라!

● ●

이 세상의 모든 일은 협업이다. 심지어 개인 작품을 만드는 작가에게도 영감을 주는 누군가 또는 무엇인가가 존재한다. 그럼에도 우리나라는 다른 부서나 기업에서 나온 아이디어는 채택하지 않으려는 배타적 기업 문화인 'NIH Not Invented Here 신드롬'에서 벗어나지 못하고 있다. 집단 내부만의 단결력이 공고해지면서 외부의 새로운 시각과 아이디어를 배척하는 행위는 자신이 최고라는 자아도취에 빠져 시류를 벗어나는 행동으로 이어질 개연성이 크다. 내가 하면 '러브스토리'가 되고 남이 하면 '스캔들'이 되는 지나친 에고이스트egoist 본성에서 벗어나자. 필요하다면 경쟁자와도 손을 맞잡고 어깨동무를 하는 개방 혁신 전략이 시장을 선도할 것이다.

쿠카 텀블렌더

소통하고 공유하는 순간
새로움이 탄생한다

영국의 국제광고대행사 사치앤사치의 CEO 케빈 로버츠는 진정한 성공을 원하면 먼저 고객과 소통하라고 말한다. "사냥을 하고 싶다면 정글로 가라. 고객을 분석하는 조사원부터 정글로 나와라"라는 그의 말은 현장에서 직접 부딪치며 소통하는 일이 얼마나 중요한지를 단적으로 보여준다.

실제로 그는 현장에서 고객들과 소통하며 그들의 니즈가 무엇인지 파악하려고 노력했다. 그가 중국 고객들의 특성을 파악하기 위해 중국 전역을 누빈 일화는 광고계의 전설로 남아 있다. 그는 8,000킬로미터를 여행하는 과정에서 중국의 가정에는 VCR이 없고 DVD만 많다는 점을 알게 되었다. 그리고 중국인이 수십 년간 기술이 정체되었는데도 최신 제품을 선호한다는 사실을 파악해 마케팅에 적용했다.

그는 영화를 한 달 평균 20회 이상 보고, 잡지를 30여 권 탐독하며, 뉴욕과 런던의 뮤지컬 관람을 즐기고, 젊은이들이 모이는 클럽을 좋아한다. 경영자들의 모임보다 고객들과 소통하는 데 시간을 할애하는 편이 한결 즐겁고 업무에도 효과적이라는 것이 그의 설명이다.

소통은 한 나라의 문화를 만들고 바꿀 만큼 폭발적인 영향력을 가지고 있다. 규모를 조금 줄여서 보면 기업에서의 소통은 기업의 성패를 좌우한다. 조직 내의 소통, 거래처와의 소통, 고객과의 소통 등이 모두 원활해야 제대로 된 상품과 서비스를 개발할 수 있고 그 기업이 영속성을 가질 수 있다.

기업 사례는 아니지만 박원순 서울시장 역시 소통으로 자신의 능력을 더 많은 시민에게서 인정받았다. 트위터와 페이스북 같은 SNS를 통해 소시민들의 고민이나 각 지역의 문제에 대해 의견을 주고받

소통하는 기술이 없으면 조직에서 생존하기 어렵다. 또한 상호 소통이 막히면 동맥경화에 걸리는 것처럼 병들고 만다.

으며 시민들과 가까워졌다. 그뿐만 아니라 이때 거론된 문제는 즉각 해결하려는 의지를 보여줌으로써 시민들의 신뢰를 얻기도 했다.

이처럼 개인 또한 소통하는 기술이 없으면 조직에서 생존하기 어렵다. 학교에서 문제가 되고 있는 왕따나 폭력 문제 역시 소통 기술을 제대로 익히지 못하는 데서 기인한 것이다. 상대와 소통함으로써 서로 공감 능력을 키우는 것이야말로 발전의 원동력이다. 그런데 그 경로가 차단되어 있으니 자신을 표현하거나 상대를 이해하는 일 모두 문제가 생겨 인간관계 때문에 번민하는 일이 늘어나는 것이다. 나이가 들수록, 속해 있는 조직이 거대할수록 이런 현상은 더욱 가중된다. 소통 기술을 몸에 익히고 미래 사회에서 활발하게 성장해나가려면 청소년기부터, 아니 그보다 이른 유·아동기에 가정에서부터 생각을 공유하고 의견을 주고받는 습관을 길러야 한다.

체내의 혈액이 탁해지고 순환이 나빠지면 동맥경화에 걸리는 것처럼 상호 소통이 막히면 우리 사회 역시 필요한 양분과 산소를 제때 공급받지 못해서 병들고 만다. 사람과 사람, 조직과 조직 사이의 혈액을 씽씽 건강하게 돌리기 위해 소통의 기술을 익혀보자.

구름터 광명 소각장

●
자신의 손 안에 가진 것을
다른 사람에게 나눠주면서
관계를 맺어보라.
이는 또 다른 기회를 가져다준다.

● ●
이것은 '관시關係'의 개념이다. 관시는 자신이 베풀면 언젠가 그 사람이 자신에게 도움을 줄 것이라고 기대하는 것이다. 이는 중국인이 사회와 다른 사람과의 관계에서 가장 중요하게 생각하는 개념인 동시에 미래를 위한 투자이다. 영어권에 있는 '기브앤드테이크'와 비슷한 개념이다.

관시는 대부분 돈이나 음식, 선물 같은 물질적인 기반 위에서 이루어진다. 따라서 상대가 내게 뭔가를 내주면 왜 그러는지, 그것을 받은 나는 어떻게 해야 하는지를 명확하게 알고 행동해야 한다. 인정에 기대어 사는 우리나라 사람들에게 이런 개념은 계산적인 태도로 받아들여질 수 있다. 하지만 이제 더는 인정을 바라거나 일방적으로 상대에게 의존해서는 안 된다. 지연이나 학연 같은 관계에 매몰되어 진정한 협업을 하지 못한다면 더 설 땅이 없다. 자기관리를 철저히 해서 실력을 갖추고 다른 사람과 나눌 수 있는 것을 늘려나가야 관계 맺기와 소통에서 우위를 점유할 수 있다.

●
기업이 발전하려면 조직도를 피라미드가 아닌
원형으로 만들어야 한다.
CEO가 원의 중심에 자리를 잡고
임직원은 CEO 주위를 채우며
점차 큰 원을 만든다.
이 원은 시간이 흐를수록
나무의 나이테처럼 확장되어나간다.
이것이 바로 창의적 기업환경이며,
영속적으로 성장할 수 있는 건강한 기업의 구조다.

● ●

스티브 잡스는 일찍이 원형의 기업구조를 조직에 적용해온 것으로 유명하다. 애플 신사옥은 거대한 도넛 모양을 하고 있다. 이 빌딩은 건축적 효율로 보면 가장 비효율적인 구조일지도 모른다. 하지만 조직의 운영이념을 과감하게 보여주고 있다. 나 홀로 피라미드의 위로 올라가기 위해 싸우는 것이 아닌, 다 함께 자기 능력과 역할을 넓혀가고자 하는 그들의 생각은 기업과 제품을 더욱 탄탄하게 만들어줄 것이다. 내가 설립한 이노디자인 역시 나이테를 널리 확장해나가는 건강한 나무와 같은 원형 기업으로 성장하기를 바란다.

●
우리가 살고 있는 오늘을
한마디로 표현한다면
'나 홀로, 다 함께 시대'라고 할 수 있다.

●●

디자이너로서 청소년은 가장 소중한 잠재고객이다. 이런 청소년과 트위터를 통해 언제 어디서나 소통할 수 있다는 것은 나에게 커다란 기쁨을 준다. 그들과 소통하면서 미래의 상품을 디자인하고 생활환경을 개선해 나가는 것이 디자이너로서 책무라고 생각하기 때문이다. 그러니 그들이 어떤 생각을 하는지, 어떤 경험을 하는지, 나아가 어떤 욕구와 희망을 품고 있는지를 아는 것은 매우 중요한 과정이다. 내가 그들을 모티베이터, 즉 동기부여자라고 부르는 이유가 바로 여기에 있다.

여기에는 나만의 철칙이 있다. 늘 소통 채널을 열어두고 먼저 다가가는 것이다. 이는 한 세대를 먼저 살아가며 한 발 앞서 배운 선배로서 당연히 짊어져야 할 숙제이기도 하다. 이러한 암묵지가 지금까지 인류의 발전과 진보를 만들어왔다. 앞으로 기업의 성패는 이토록 새로운 소통 채널을 어떻게 이용하느냐에 달려 있다고 해도 지나친 말이 아니다.

●

리더는 목적지로 가는 길을 아는 사람,
목적지가 같은 사람들에게
방향을 제시할 수 있는 사람이다.
만약 당신이 리더가 되고 싶은 욕망을 느낀다면,
그것은 당신이 혼자서는 이룰 수 없는
꿈을 꾸고 있다는 것을 뜻한다.

● ●

리더는 "나를 따르라"라고 말한다. 그러나 중요한 것은 자신과 일정한 거리를 유지할 것을 기대하거나 요구해서는 안 된다는 사실이다. 팔로어들이 리더를 따르기로 결심했다면 그들과 리더의 간격은 점차 좁아져야 한다. 리더는 특별한 사람이 아니기 때문이다. 단지 같은 방향을 향해 함께 나아가는 동지가 되어야 한다.

슬라이딩팩트

슬라이딩팩트

퍼플피플이
되려면

사람들의 생활방식과 기호, 욕구 등이 다양해지고 있다. 개인의 다양성을 배려하는 것이 일반화되면서 우리는 기업에 좀 더 세분화된 욕구를 충족해 달라고 요구한다. 동시에 기능적으로 만족하던 물품과 서비스에 대해서도 더욱 개별화된 취향을 충족해 주기를 바란다.

사람들의 욕구가 달라지면 시장이 바뀌는 것은 순식간이다. 그러면 그에 부응해 산업의 양상이 달라진다. 생산 시스템도 옛날처럼 일방적인 대량생산은 곤란하다. 대량이라 하더라도 소비자가 원하는 대로 만들어주는 '커스터마이즈드 customized 된 대량생산'이어야 한다. 기업이 다품종 소량생산으로 비즈니스 양태를 바꿔가는 것은 이 같은 시장의 변화를 반영한 것이라고 할 수 있다.

아직은 대기업이 가장 큰 시장을 차지하고 있지만, 이 또한 점차 달라질 것이다. 규모에 상관없이 작은 기업들도 그들만이 만들어낼 수 있는 상품이나 서비스를 제공하기 위해 좀 더 적극적으로 나설 것이다. 그 과정에서 소비자는 점차 자기 개성을 반영한 제품과 서비스에만 반응을 보일 것이다. 이제는 특정 제품이나 서비스를 넘어 모든 상품과 서비스가 다변화되고 다양해지지 않으면 살아남을 수 없다. 소비자가 바뀌니 생산자도 바뀔 수밖에 없다.

과거에는 생산자가 소비자를 끌고 갔지만, 이제는 생산자가 소비자를 따라잡느라 정신없는 상황이다. 광고만 봐도 그렇다. 이제 소비자는 텔레비전 광고가 전달하는 메시지를 맹목적으로 수용하지 않는다. 30초라는 짧은 시간에 광고로 사람의 마음을 사로잡는 일이 힘들어진 것이다. 소비자는 이미 자신이 가지고 있는 다양한 정보 창구를 통해 생생한 정

시대의 변화에 따라 텔레비전 광고보다는 SNS를 통해 소문과 구매자의 평가를 보고 상품을 구매하는 소비자가 늘어나고 있다.

보를 얻고 있다.

따라서 잠깐 등장하는 텔레비전 광고보다는 SNS를 통해 지속적으로 듣는 소문이나 평가 등에 준거해 구매의사를 결정한다. 그러니 기업의 광고방식도 달라져야 하고, 판매전략이나 마케팅도 달라질 수밖에 없다.

문제는 개인은 변화를 빨리 접하고 변화할 수 있지만 기업은 순발력 있게 대응하기 어렵다는 점이다. 기업의 운용 시스템이나 생산설비를 바꾸는 데는 막대한 자본과 시간이 소요된다. 하지만 이 같은 현상이 부정적인 면만 가지고 있다고 할 수는 없다. 소비자의 변화에 순발력 있게 대응할 수 있는 능력이 작은 기업에는 곧 기회가 되기 때문이다. 지금껏 거대기업의 틈바구니에서 생존을 위협받던 작은 기업은 점차 숨통이 트이고, 결과적으로 대기업의 독주에 대응하는 힘을 갖게 될 것이다.

물론 대기업도 변해야 한다. 이미 위기의식을 느끼고 있거나 변화를 시도하는 기업도 있다. 그들은 국내외의 재기 넘치는 인력들을 수급했고, 기업 문화를 쇄신하기 위해 혁신을 실천해나가고 있다. 내가 생각하는 해법은 대기업도 이제는 구멍가게 운영하듯이 장사해야 한다는 것이다. 고객 한 사람, 한 사람에게 얼마나 성실하고 정확하게 메시지를 전달하느냐가 고객을 확보하는 승부처가 될 것이기 때문이다.

기업에서 가장 큰 비중을 두고 고객과 소통하는 것이 바로 SNS 마케팅이다. 구멍가게에서 모든 고객의 이름을 알고 상대했던 것처럼 기업이 먼저 고객에게 가까이 다가가야 한다는 위기의식이 수면 위로 떠오른 결과다. CEO가 트위터나 페이스북 같은 채널을 통해 직원들에게 먼저 다가가고, 소비자들과 적극적으로 대화하려는 움직임도 그동안 부족했던 대면관계를 해소할 수 있는 채널을 찾는 활동의 하나라고 할 수 있다. 순발력 있는 리더들은 벌써 몇 년 전부터 이런 방식으로 일대일 소통을 시작했다.

하지만 그들이 놓치고 있는 것이 있다. SNS를 통해서 관계 맺기를 하는 데는 시간이 많이 필요하다는 사실이다. 또한 이런 채널은 자발적인 참여가 중요한데, 자생적으로 생겨난 채널과 비교했을 때 마케팅적으로 접근하려는 목적으로 만들어낸 채널은 호응도 면에서 엄청난 차이를 보일 수밖에 없다. 무엇보다 발 빠르고 영리한 소비자들은 그런 부분에서 웬만한 마케팅 전문가에 버금갈 만큼 수준 높은 활동을 전개하고 있다.

트위터리안 사이에 구전되는 유명한 명언이 하나 있다. "돈으로 살 수 없는 것 중 하나는 팔로어와의 관계다"라는 것이다. 광고는 돈으로 살 수 있지만 팔로어 마음까지 얻을 수는 없다.

직원을 채용할 때 감지되는 변화를 살펴보면 그들이 어떤 부분에 방점을 찍고 있는지 알 수 있다. 이력서에서 출신학교를 지운 채 서류전형을 진행하는 기업이 등장했는가 하면, 필터링 방식의 전형을 버리고 조직에서 추천을 받아 부서별로 소규모 입사 전형을 진행하기도 한다. 또 신입사원 채용 면접을 사무실에서 보지 않고 워크숍 형태로 개최하는 기업도 늘고 있다. 개인의 능력과 성향이 드러나는 프로그램을 활용해 기업에 적합한 사람을 선택하겠다는 의지의 표현이다. 기업 현장에서 벌어지는 많은 일을 스펙만으로는 해결할 수 없다는 사실을 깨달은 기업들이 이제는 진정한 능력과 가능성을 갖춘 인재 찾기에 골몰하는 것이다.

트렌드를 읽을 줄 아는 기업의 총수들은 조직에 '메기이론'을 적용하라고 원하기도 한다. 미꾸라지가 들어 있는 어항에 천적인 메기를 한 마리 넣으면 미꾸라지들이 잡아먹히지 않으려고 도망 다니면서 더욱 건강한 상태를 유지하는 것을 기업경영에 접목한 것이다. 즉, 강력한 경쟁기업이 등장했을 때 기존 기업들이 경쟁력을 잃지 않으려고 더욱 공고하게 다지는 현상을 설명하는 것이다. 지금 많은 기업이 조직을 떠났을 때 아무런 대안이 없는 사람들이 능력을 발휘하지도 못하면서 대거 남아 자리를 지키는 현상 때문에 골머리를 앓고 있다. 이래서는 비용 대비 효율이 낮아질 수밖에 없다.

그렇다고 해서 조직에 '메기'를 풀어놓으면 많은 어려움에 봉착하게 될 것이다. 변화를 받아들여야 한다는 인식은 어느 정도 생겼다 하더라도 오래 묵혀온 구태를 일순간에 벗어던지기는 어렵기 때문이다. 이미 조직에서 자리를 잡고 있는 사람들은 타성에 젖어서 기존의 업무방식을 고수하려고 할 것이다. 그들에게 변화는 불편하고 귀찮은 일일 뿐이다. 그러니 작은 일 하나라도 바꿔보려고 하면 여러 가지 어려움이 있을 수밖에 없다.

조직에서 변화를 시도하고 리더가 되어보겠다는 사람은 혼자서 뭔가를 할 때보다 더 큰 도전정신이 필요하다. 그러다 보면 '엉뚱한 사람', '이상을 좇는 사람'으로 비춰질 수도 있다. 하지만 바로 이런 사람들이 조직을 변화시키고 진보시킨다. 시간이 좀 걸리고 이겨내야 할 난관은 많겠지만 결국은 그들이 리더가 될 것이다.

남들보다 더 먼 미래를 준비하려면 타성에 젖어 눈앞의 변화만을 쫓을 것이 아니라, 변화를 주도해 나갈 수 있는 인재가 되어야 한다. 이는 기업이 인재가 능력을 발휘할 수 있는 환경을 제공하고 우리는 절대로 포기하지 않고 새로운 것에 도전하는 협업이 있어야만 가능하다.

고양시 FIFTEEN 자전거

●
기업의 성공과 기업에 소속된 직원의
행복은 같지 않다.
같은 방향을 향해서 달려갈 때
성공한 기업과 행복한 직원이 가능해진다.
기업은 직원들에게 삶의 의미를 느낄 수 있는
미션을 제공해야 한다.

● ●

많은 기업이 '고객 만족'을 캐치프레이스로 내세운다. 물론 고객을 위한 서비스도 중요하다. 하지만 그보다 더 중요한 것은 기업이 직원들의 정서 안정을 위해 최선을 다하고 그들이 행복한 마음으로 고객을 대할 수 있도록 배려해주는 것이다. 감성 마케팅은 바로 여기서 시작된다.

많은 인재를 거느리고 있는 기업들이 퍼플피플을 빼앗기지 않으려면 그들의 욕망을 이해해야 한다. 그렇지 않으면 마음의 소리에 충실한 퍼플피플이 자신이 원하는 일을 찾아 대거 탈출할 여지도 있다. 이제 진정한 인재를 차지하기 위한 비즈니스의 재편성이 불가피한 상황이 다가온다. 결국 기업을 먹여 살리는 것은 퍼플피플이다. 따라서 미래지향적인 기업일수록 그들이 창의력과 열정을 발휘할 환경을 만들어주어야 한다.

●
변화는 많은 사람이 함께 일으킨다.
그런데 이렇게 많은 사람을 움직이는 힘은
어떤 한 사람에게서 시작된다.
우리는 이런 '한 사람'을
리더라고 부른다.

●●
리더와 매니저의 차이점은 무엇일까? 매니저가 구성원들이 최선의 길을 가도록 돕는 사람이라면, 리더는 구성원들이 최선의 길로 따라오도록 돕는 사람이다. 매니저는 직위가 만들지만, 리더는 따르는 사람들이 만든다. 아무리 높은 자리에 있어도 따르는 사람들이 없다면 리더라고 불릴 수 없다. 반대로 직위가 높지 않아도 따르는 사람들이 많다면 그가 바로 리더다.

●
어떤 일을 하건
다양한 분야의 사람들과 만나는 것이
우리 자신을 완성시킨다.
이때 대화 속에서 얻는
직접적인 지식이나 정보보다 더 중요한 것은
자기 생각을 활발히 발전시켜주는
대화 속의 동기부여다.

● ●
요즘 젊은이들은 일방적 소통에 익숙하다. 또한 자기 것을 먼저 내주고 상대를 배려하기보다는 상대가 먼저 자신에게 다가와주기를 수동적으로 기다리는 경향이 있다. 하지만 상대를 먼저 배려하고 다가가 협력하는 태도야말로 발전의 원동력이다. 다소 진부하게 들릴지 모르겠지만, 협력과 배려야말로 미래에 살아남을 수 있는 두 키워드다. 협력과 배려가 존중되는 사회에서는 신뢰가 생겨서 새로운 경제 가치를 창출할 수 있고, 그에 발맞춰 새로운 산업이 발전하게 된다. 바로 이런 모습이 내가 희망하는 한국의 미래상이다.

●

C세대의 'C'는 connectedness,
즉 유대관계를 의미한다.
C세대가 만들어가는 관계는
소셜 이코노미 시대의 자본이다.
이들의 변화에 따라
모든 분야의 거래방식이 바뀔 것이다.
이제 기업과 혁신가에게
주어진 가장 커다란 과제는
각종 비즈니스 거래 방식을
리디자인redesign하는 일이다.

● ●

SNS 시대에는 막대한 '관계 자본'을 만드는 기업이 성공 기업이 될 확률이 높다. 그런데 이렇게 거대한 '관계 자본'도 사용자와 일대일 관계에서 시작된다. 잠시 눈앞에 비치고 마는 순간의 광고가 힘을 잃은 것도 이같은 이유 때문이다.

알람시계 IFO

5 인생을 디자인하자

Live Your Life!

청춘이란 인생의 어느 기간을 말하는 것이 아니라 마음의 상태를 말한다.
그것은 장밋빛 뺨, 앵두 같은 입술, 하늘거리는 자태가 아니라
강인한 의지, 풍부한 상상력, 불타는 열정을 말한다.

— 새뮤얼 울만

실패를 두려워하지 말고
도전하라

많은 대학생이 취업 문제로 고민한다. 세계적으로 불황이 길어지다보니 일자리 자체가 줄어든 것이다. 아예 공채를 진행하지 않는 기업도 있다고 하니 여간 심각한 문제가 아닌 성싶다. 하지만 이런 문제는 어제오늘의 일이 아니다. 나 역시 대학 시절 취업이라는 거대한 장벽에 부딪혀야 했다.

나는 졸업을 앞두고 서른 군데가 넘는 회사에 입사원서를 넣었다. 하지만 동양인이라는 이유만으로 번번이 냉대를 당해야 했다. 연락조차 받지 못한 곳이 허다했고, 기껏 면접에 불러놓고도 싸늘하고 무례한 태도로 기다리게 하기 일쑤였다. 그때 유일하게 나를 맞아준 곳이 하리 어소시에이트 Hari and Associates였다. 사람들의 생활을 좀 더 편리하게 바꾸고 싶다는 발명가적 태도와 꿈이 마음에 든다며 함께 일하자고 제안해왔다. 그러나 직장생활은 만만치 않았다. 내게 주어진 일은 선배의 디자인 시안에 컬러링을 하는 허드렛일뿐이었다. 신입 말단직원에게는 창조적 업무에 참여할 기회조차 주어지지 않았다. 당연히 지루할 수밖에 없었다. 나는 단순노동자가 아닌 디자이너가 되고 싶었다.

기회는 뜻밖의 순간에 찾아왔다. 우연히 일리노이대학교 디자인 학부에서 교수를 뽑는다는 이야기를 듣게 된 것이다. 무슨 배짱이었는지 나는 이력서를 보냈다. 그리고는 턱 하니 임용되었다. 스스로도 믿을 수 없는 일이었지만 뜻밖에도 이유는 간단했다. 내가 보낸 디자인 스케치에서 남다른 창의력을 발견했다는 것이었다. 물론 학생들을 가르치는 것도 쉬운 일은 아니었다. 동양인인 데다가 나이도 어려 학생과 공감대를 형성하는 데 어려움을 겪었다. 덩치 큰 외국인 학생들보다 더 학생처럼 보이는 외모 때문인가 싶어 콧수염을 기르기도 했다. 고민하던 나는 가르치는 교수가 아닌 선배 디자이너라는 자세로 학생들에게 접근했다. 그러자 학생들이 조금씩 마음을 열기 시작하는 것이 느껴졌다. 그날 이후 일리노이대학교에서 보낸 시간은 나를 정비해 세상에 나아갈 수 있도록 단련하는 소중한 경험이 되었다.

그렇게 2년을 대학에서 보냈을 무렵, 실리콘밸리에 있는 GVO라는 유명한 디자인회사에서 스카우트 제안이 들어왔다. 2년 전에 비하면 놀라운 변화였다. 게다가 중역급 디자이너 자리였다. 나는 주저하지 않고 자리를 옮겼다. 내 꿈은 교수가 아닌 디자이너였기 때문이다. 게다가 GVO는 미국 디자인계의 원로로 존경받는 디자이너 놀란 보트Norlan Vote가 운영하는 회사로, 미국 최고의 디자인 회사들이 모여 있는 실리콘밸리에 자리하고 있었다. 가지 않을 이유가 없었다. 당시 실리콘밸리는 애플, 인텔 등 벤처기업들이 속속 들어서며 첨단산업의 메카로 모양을 잡아가던 시절이었다. 나는 GVO에서 탁월한 디자인에 대해 치열하게 고민했다.

디자인밖에 모르고 살아가는 시간이 계속되던 어느 날, 결전의 순간이 찾아왔다. 나는 그동안의 경험과 경력을 무기로 삼아 내 회사를 차리기로 했다. 이제 내가 나아가야 할 길은 '이노디자인' 뿐이었다. 그러나 나는 창업과 동시에 고난의 길로 접어들었다. 이노의 첫 작품은 여행 중 골프채의 파손을 예방할 수 있게 설계한 골프백으로, 특허까지 받았을 만큼 독창적인 기능과 디자인을 갖추고 있었다. 하지만 생산하겠다는 회사가 나서질 않았다. 백방으로 수소문하던 나는 결국 한 투자자에게 사정사정해서 50만 달러를 빌렸다. 직접 생산해서 판매하는 것밖에 방법이 없다고 판단했기 때문이다. 나는 이 골프백에 '프로텍Protech'이라는 브랜드를 붙이고 PGA 골프용품 전시장에 부스를 얻었다. 하지만 이곳에서도 세계 명품 브랜드 사이에 초라하게 자리한 한 칸짜리 부스에 시선을 주는 사람은 없었다.

그래도 나는 포기하지 않았다. 바이어만 나타나면 달려나가 프로텍을 소개하며 특허증을 내보였다. 그렇게 며칠을 보냈을까. 마침내 한 남자가 다가와서 골프백을 유심히 살펴보더니 환한 얼굴로 명함을 건넸다. 플라스틱 회사를 경영한다고 자신을 소개한 그는 기능과 디자인이 이렇게 탁월한 제품이라면 자기가 첫 번째 고객이 되고 싶다고 말했다. 그는 그 자리에서 기대 이상의 디자인 로열티를 제안하며 자신이 직접 프로텍을 만들어보고 싶다고 말했다. 일이 풀리는가 싶더니 바로 다음 날 한 일본 바이어가 프로텍 골프백을 수입하고 싶다고 나서는 게 아닌가!

그날 이후 모든 일이 물 흐르듯 진행됐다. 프로텍은 불티나게 팔려나가기 시작했고, 온갖 비즈니스

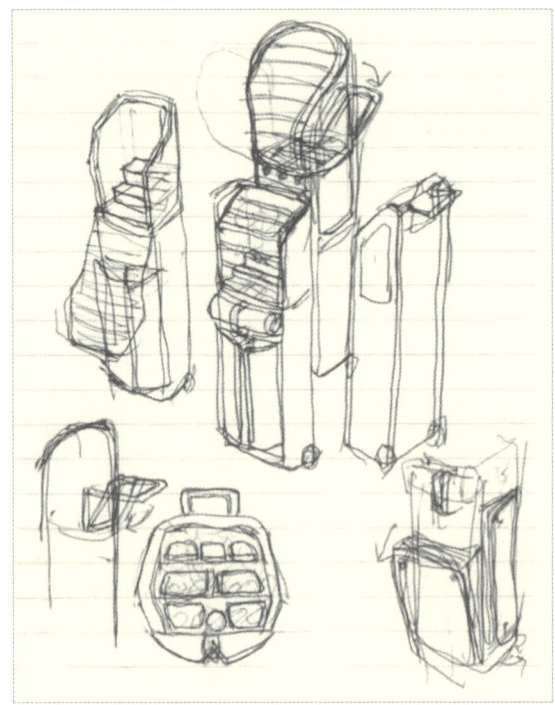 

다니던 디자인 회사를 그만두고 투자금을 빌려 '프로텍(protech)' 골프백을 만들어 이노디자인을 시작했다.

잡지에서 프로텍의 기능과 독창적인 디자인을 소개했다. 1990년에는 〈비즈니스위크〉가 선정하는 '베스트 디자인'에도 선정되었을 만큼 디자인계에서도 핫이슈로 떠올랐다. 그리고 나는 그때의 수입으로 실리콘밸리에 이노디자인 사옥을 지었다.

프로텍의 성공과정에서 몸에 익힌 현장감은 지금의 이노를 만드는 토대가 되었다. 잘 모르는 사람들은 이노디자인이 프로텍 하나로 스타덤에 올랐다고 여길지도 모르겠다. 하지만 그 어떤 것도 하루아침에 이루어지지는 않는다. 무엇보다 실패를 두려워하지 않는 도전이 있어야만 혁신에 도달할 수 있다. 이 생각은 나와 이노의 출발점이며, 지금도 지켜나가는 모토다.

하나생수

●

이 세상은 현재를 유지하려고
버티는 사람들과
변화를 이끌고자 하는 사람들이
끊임없이 부딪치면서
서서히 진화해나간다.

●●

종종 나에게 "왜 아무도 생각하지 않는 일을 하느냐?"라고 묻는 사람들이 있다. 그 질문의 문제는 '이 세상에 없는 일을 하지 않으면 새로운 일은 없다!'라는 슬픈 결론에 도달한다는 것이다.

《보랏빛 소가 온다 Purple Cow》의 저자 세스 고딘 Seth Godin은 앞서나간 기업은 리마커블한 무언가를 해냈기 때문이라고 말했다. 그런데 우리가 그들을 따라한다는 것은 이미 사용돼 더는 리마커블하지 않은 길을 걷는 것을 뜻한다.

고이다 못해 썩은 물이 될지, 끊임없이 흘러 더 큰 물줄기를 만날지는 우리의 변화 의지에 달려 있다. 변화는 우리가 익숙한 것들에 상충되는 일을 할 때 생겨난다. 이미 익숙해져 버린 것들에 '딴지'를 거는 순간 변화가 시작되고, 우리는 성장하며 세상은 진화한다.

●

애플의 공동창업자 스티브 워즈니악 Steve Wozniak은
"혁신은 작은 것을 합쳐서
큰 것을 만드는 것이다"라고 말했다.

● ●

나는 작은 아이디어라 할 수 있는 수많은 '점'을 연결하는 '선' 속에 혁신이 있다고 믿는다. 그리고 혁신의 실마리가 되는 가장 작은 점은 문제를 바라보는 새로운 시각에서 시작된다고 믿는다. 문제의 해결책은 언제나 그 이후 가능하다. 아주 작은 티끌이 점이 되고, 선이 되고, 면이 되어 나를 둘러싼 커다란 창의력을 만들어낼지, 아니면 그저 작은 티끌로 사라져버릴지는 문제를 바라보는 당신에게 달려 있다.

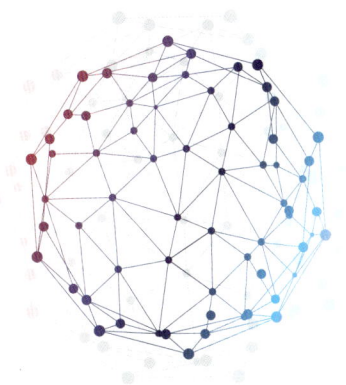

하이브리드 용기 POLKO

•
기발한 아이디어는
당연함 속에 숨어 있다.

••

이 세상에 새로운 것은 존재하지 않는다. 하지만 미래를 준비하는 사람들은 창조를 위한 노력을 멈춰서는 안 된다. 우리가 주목해야 할 것은 '당연함'이다. 늘 지나는 길가에 피어 있는 예쁜 꽃을 보지 못하는 것처럼 생각지도 못한 혁신은 우리 주위에 숨어 누군가가 자신을 발견해주길 기다리고 있다. 한 번이라도 "나는 왜 그 생각을 못했지?" 하며 무릎을 친 경험이 있다면 당신은 당연함의 가치를 발견하지 못한 것이다.

새로운 발상으로 세상에 없던 상품이나 서비스를 내놓고 싶다면 눈에 보이는 모든 것을 의심해야 한다. 어떻게 하면 사람들이 좀 더 편리하고 즐겁게 생활할 수 있을지 고민하며 당연함의 허를 파고드는 것, 그것이 바로 성공의 지름길이다.

●

실패를 두려워하지 마라.
우리가 경계해야 할 것은 실패가 아니라
자기 능력보다 낮은 목표를 설정하는 것이다.
열정을 다해 시도했다면
실패해도 영광스러울 것이다.

● ●

성공하는 사람들을 유심히 들여다보면 그들이 실패를 두려워하지 않는다는 사실을 알 수 있다. 똑 떨어지는 답이 없는 일을 한다는 것은 늘 불안함을 동반한다. 하지만 낯선 길로 들어설 때의 불안감이 클수록 돌아오는 기쁨도 배가된다.

이 세상에서 내가 아주 싫어하는 것 중 하나가 '벤치마킹'이다. 남들이 이미 해낸 것을 바탕으로 새로운 것을 만드는 건 썩 좋은 방법이 아니기 때문이다. 무조건 안전한 길을 가려고 하기보다는 실패할 두려움에 집착하지 않아야만 한 번도 보지 못한 획기적인 '혁신'을 창조할 수 있다.

예술나무 ARTISTREE

바꾸지 않으면
혁신할 수 없다

스티브 잡스는 2005년 스탠퍼드대학교 졸업식에 참석해 감동적인 연설을 남겼다. 특히 그의 한마디가 많은 사람의 가슴을 울렸다.

"당신에게 주어진 시간은 한정되어 있습니다. 그러니 남의 인생을 사느라 자신의 시간을 낭비하지 마세요!"

그는 이 말에 덧붙여 다른 사람들이 만들어놓은 생각대로 사는 도그마의 덫에 빠지지 말라고 충고했다. 다른 사람들의 의견이 '내 마음의 소리'를 잠식하지 못하도록 늘 자기 마음과 직관을 따르는 용기를 가지라고 격려한 것이다. 그의 말은 곧 대다수 사람이 자신의 의지가 아닌 다른 사람들이 만들어놓은 생각의 틀에 맞춰 살고 있다는 뜻이다. 동시에 다른 사람들이 생각한 결과에 맞춰 사는 그저 편안하기만 한 삶의 방식에서 탈출해야 한다는 뜻이기도 하다.

나는 편안한 것을 좋아하지 않는다. 편안하면 답답하다. 힘겨운 일에 도전하는 것이 오히려 설레고 재미있다. 그때 새로운 발상이 떠오르는 순간은 가장 값진 시간이다. 계속해서 새로운 것을 찾아야 하는 이 일이야말로 내게는 천직이다.

돌이켜 생각해보면 이런 스타일은 일찍부터 몸에 배어 있었던 것 같다. 회사 이름인 이노디자인 역시 '이노베이션'의 앞머리를 따서 '이노'라고 붙인 것이니 말이다. '이노'라는 회사 이름은 미국에서 취직한 지 얼마 되지 않아 결정했다. 언젠가 내 회사, 내 브랜드를 만들어야겠다고 생각은 했지만 솔직히 창업이라는 것이 아득히 멀게만 느껴졌다.

그런데 어느 날 문득 이노베이션이라는 단어가 떠올랐다. 흔히 생각하는 혁신적 디자인, 혁신적 기업과 같이 거창한 의미를 부여한 것은 아니다. 물론

이노디자인 로고

나는 습관처럼 변화와 혁신을 추구해왔고, 일에서는 특히나 새로운 것을 계획하고 새로운 것을 찾는 것을 가장 큰 즐거움이라고 여겼다. 결국 혁신은 나에게 디자이너로서 시작이자 끝이었으니 이노베이션만큼 친숙하고 나를 잘 설명해주는 단어도 없었을 것이다.

더 재미있는 일은 이름과 동시에 네모, 세모, 동그라미로 구성된 로고가 떠올랐다는 것이다. 나는 이 아이디어를 놓쳐버릴까 봐 급히 종이를 꺼내 스케치했다. 로고를 디자인하는 데는 채 2분도 걸리지 않았다. 나는 이 작은 스케치를 소중하게 접어서 지갑에 넣었다. 언젠가 내가 회사를 만들 때 꺼내보리라 마음먹고 고이 간직했다. 그 뒤로 내 회사를 세울 때까지 몇 년간 한 번도 꺼내보지 않았다. 행여 김이 샐까 봐, 행여 부정이라도 탈까 봐 혼자서만 간직하고 뿌듯한 꿈을 꾸곤 했다.

나중에 이노디자인을 설립하면서 드디어 오래전에 로고를 스케치해둔 메모지를 꺼냈다. 그날 나는 다시 한 번 놀랐다. 벌써 몇 년이 흘렀지만 당시 로고 디자인은 여전히 내 마음을 설레게 했다. 동그라미, 세모, 네모가 서로 어우러진 모습은 '천지인天地人'의 형상으로 내가 한창 관심을 두고 있던 태극기의 전통문양과도 일맥상통하는 부분이 있었다.

무엇도 의도된 것은 없었다. 그저 어느 날 문득 이노베이션이라는 말이 떠올라 그 앞머리 스펠링을 따와서 스케치했을 뿐이다. 그에 대한 감흥은 세월이 흐른 뒤에도 변함이 없었다. 그날 이후 나와 이노가 걸어온 길은 날마다 새로운 일을 계획하고 도전

빠르게 변화하는 세상에서 사람도 기업도 변화를 만들지 못하면 도태되고 만다. 리더는 변화를 이끌고 혁신을 주도해야 한다.

하는 변화와 혁신의 과정이었다. 변화하지 않으면 발전할 수 없고, 발전이 없다면 혁신은 결코 일어나지 않는다는 것을 일하는 과정에서 자연스럽게 몸에 익힌 것이다.

나는 1년에 수십 번씩 비행기를 타고 미국과 한국을 비롯해 세계 여러 나라를 방문한다. 내가 만나는 사람이나 조직은 다른 분야에 비해 트렌드에 민감하고 변화의 선봉에 서 있다. 그러다 보니 언제나 긴장을 늦출 수 없다. 하루하루가 어떻게 지나가는지도 모를 만큼 바쁘게 사는 것은 원치 않는다. 하지만 긴장감 없이 늘어져서 세월을 보내는 것은 나와는 영 맞지 않는다. 아니, 어쩌면 그건 내가 가장 두려워하는 일인지도 모른다.

사람도 기업도 끝없는 자기반성과 도전을 거쳐 변화를 만들지 못하면 도태될 수밖에 없다. 급격히 변화하는 산업환경에서 살아남고, 나아가 리더가 되려면 변화를 이끌고 혁신을 주도해야 한다. 그것이 자기 인생을 디자인하는 길이고 우리 사회의 일원으로서 부여받은 일익을 담당하는 방법이다.

디트랙스 한글 영문 로고

●

혁신이란 새롭게 출시되는 스마트폰처럼
얇아지면서도 더 많은 기능을 집어넣는 것,
길이를 키워서 화면을 확장하면서도
폭은 그대로 유지하는 것,
동시에 화면 비율을 변형하는 것이다(사용자 손의 크기는 변하지 않기에).

● ●

혁신이 늘 급진적인 변화를 요구하는 것은 아니다. 때에 따라서는 작은 변화로도 많은 사람을 감동시킬 수 있다. 나는 이를 가리켜 '디테일의 진화'라고 말한다. 애플은 아이폰의 탄생과 함께 이 세상에 커다란 변화를 가져왔다. 하지만 지금은 새로운 모델을 소개하면서 진화로 시장을 넓히고 있다. 이제 무조건 앞으로 나아가는 것만이 혁신은 아니다. 그 자리에 머무르지 않고 자기 영역을 서서히 넓혀나가며 앞설 준비를 하는 것도 혁신이다.

●
혁신과 디자인은 모두
트레이드오프 trade-off 게임이다.
하나를 넣으려면
다른 하나를 빼야 한다.
이런 결정을 하기는 만만치 않다.
그래서 더욱 재미있다.
무엇을 뺄지 그 하나를 결정하는 순간
승부가 좌우되니 말이다.
이럴 때면 나는
'지나친 것은 미치지 못한 것과 같다'는
기준을 세우곤 한다.
우리를 지배해온 과잉생산과 과잉소비의 시대가
'더 쓰면서 동시에 덜 쓰는'
스마트 소비시대로 바뀌고 있기 때문이다.

∙∙

내가 도전하려는 일에 성공 모델이 없다는 것은 나에게 기회가 있다는 뜻이기도 하다. 그런 면에서 혁신가는 예측 게임에서 승리한 사람이다.

페이스북에 매각돼 성공신화를 쓴 인스타그램Instagram 창업자 케빈 시스트롬Kevin Systrom은 하루아침에 억만장자 반열에 올라섰다. 그는 명문 스탠퍼드대학교를 졸업한 뒤 꿈의 직장이라는 구글에 입사했지만 3년 만에 벤처회사로 옮겼다. 그곳에서 낮에는 마케터로 일하고 밤과 주말에는 틈틈이 독학으로 프로그래밍을 공부했다. 그렇게 시간을 쪼개서 만든 인스타그램은 앱스토어에 등록한 지 1년 만에 1,000만 명이 넘는 사용자를 끌어모으며 돌풍을 일으켰다. 인스타그램이 가치가 1조 원이나 되는 회사로 변신하는 데 걸린 시간은 18개월이었다.

'편안함이 보장된 삶'이라는 울타리를 뛰어넘어 한 치 앞도 볼 수 없는 미래에 도전하는 것은 누구에게나 두려운 일이다. 하지만 어떤 새도 알 속에서 하늘을 나는 법을 배울 수는 없다. 성공이란 누군가 알을 깨주길 기다리는 것이 아니라 스스로 알을 깨고 나는 법을 배우는 것이다. 당신은 과연 나는 법을 배우고 있는가?

케빈 시스트롬Kevin Systrom(1983~)

미국 메사추세츠 홀리 스톤 출생으로 스탠퍼드대학교 컴퓨터공학과에 입학했으나 전과하여 경영학과 엔지니어링을 전공했다. 구글에서 3년간 근무하다가 창업하고자 컴퓨터 프로그래밍을 따로 공부했다. 2010년 벤처 투자를 받아 인스타그램의 전신인 모바일 앱 '버븐(Burbn)'을 만들어냈고, 이후 버븐을 기초로 사진과 동영상을 공유하는 소셜미디어 플랫폼 '인스타그램'을 창업했다.

이노플라스크2.0

●
실패가 적었다는 것은
도전이 적었다는 것 외에
아무 의미도 없다.
다만, 빠르게 변화하는
세상의 중심에서는
아이디어도 속도를 높여야
실패를 줄일 수 있다.
우리는 멀리 보면서
현재를 면밀히 관찰하는
두 가지 시선을
동시에 가지고 있어야 한다.

● ●

발상을 전환하는 가장 탁월한 방법은 모두가 채움에 집중할 때 비움으로 시선을 돌리는 것이다.

●

설립된 지 30년밖에 되지 않은
애플이 시가총액 세계 1위 기업이 된 것은
놀라운 일이다.
그런데 더욱 놀라운 사실은
이제는 공룡이 된 애플이 여전히
스타트업 start up 문화를
유지하고 있다는 사실이다.
'최강'이 되려면
'최연소'처럼 행동해야 한다.

● ●

디자인이라는 단어의 어원은 'making change', 즉 변화의 추구를 의미한다. 기업이 성공하려면 끝없는 호기심을 표현하는 디지털 세대의 변화를 읽어 그들이 원하는 것을 만들어야 한다. 따라서 변화는 늘 내게 도전과 꿈의 동의어다.

마이크로기업가는
퍼플피플

실리콘밸리를 중심으로 빠르게 확산되고 있는 열풍 중 하나는 '마이크로기업가Micro-Entrepreneur'의 탄생이다. 마이크로기업가는 간단히 말해 개인의 자산이나 지식을 서비스화하면서 수익을 창출하는 이들로, 이들이야말로 대표적인 퍼플피플이라고 할 수 있다. 다양한 아이템으로 성공한 마이크로기업가가 증가하면서 청년 창업시장이 점차 활발하게 성장하고 있다.

어느 경제 전문지의 조사에 따르면 전 세계에서 2011년에만 대략 400만 명이 마이크로기업가로 변신했다고 한다. 새로운 트렌드라 하기엔 이미 거대한 군단을 이루고 있다고 해도 지나친 말이 아니다. 여기에 마이크로기업가의 기존 개념인 프리랜서까지 합친다면 그 숫자는 기하급수적으로 늘어날 것이다.

그들은 IT를 중심으로 하는 기술의 발달을 기반으로 1인이면서 기업이고, 기업이면서 자유인으로 생활하고 있다. 마이크로기업가는 일반적인 기업의 직원들과는 다르다. 자신이 원하는 시간에 자기가 원하는 일을 하며, 누군가 만들어놓은 디지털 플랫폼을 통해 부가가치를 생산해낸다.

마이크로기업은 공유경제와 협업경제를 바탕으로 하는 서비스다. 개인이 살고 있는 집을 다른 사람들에게 돈을 받고 빌려주는 새로운 시장을 창조한 소셜 숙박업체인 에어비앤비Airbnb와 자신의 재능과 여유시간을 공유하도록 함으로써 새로운 비즈니스 모델을 개척한 태스크래빗Taskrabbit, 자동차 한 대를 여러 사람이 함께 나눠 이용하는 서비스인 겟어라운드Getaround 등이 그것이다. 내가 휴가나 출장을 떠나 집을 비우는 동안 여행자에게 우리 집을 숙소로 제공할 수도 있고, 당분간 사용할 일이 없는 자동차를 주차

IT를 기반으로 공유와 협업을 통해 서비스를 제공하는 마이크로기업들이 점차 증가하고 있다.

장에만 세워두지 않고 누군가에게 대여할 수도 있다.

이 외에도 휴대전화로 자동차 서비스를 주문할 수 있는 유버Uber, 수공예품 전문 온라인 기업인 엣시Etsy 등도 지속적으로 성장하고 있다. 이들 방식을 차용해 수제품을 판매하는 개인 사이트나 블로그도 제법 많아졌다. 지식 교환Skillshare, 공간 공유LooseCubes, 차량 공유RelatRides, 여행 경험 공유Vayable 등을 서비스하는 기업 역시 지속적으로 증가하고 있다는 데 주목하면 마이크로기업가로서 약진하기 위한 통로를 찾을 수 있다.

이들이 창업을 하는 배경은 크게 두 가지로 생각해볼 수 있다. 먼저 노동에 대한 사회적 계약이 무너지기 시작한 것이다. 지금껏 기업은 근로자에게 평생고용이라는 안정성을 제공하고, 근로자는 기업에 충성을 다했다. 그런데 기업의 수명이 짧아지고 개인의 수명이 길어지면서 이제 어떤 개인도 기업에 자신의 수명주기를 맞출 수 없다는 사실을 알게 되었다. 게다가 전 세계적으로 경기침체가 이어지면서 더는 기업이 우리를 보호해주지 못한다는 위기의식을 뼛속까지 느끼면서 새로운 출구를 찾기 시작했다.

또 다른 배경은 직업관에 대한 변화다. 경제적 풍요로움은 노동의 기준을 바꿔놓았다. 돈을 벌기 위한 직업을 찾던 사람들이 점차 자신이 원하는 일을 하기 위한 직업을 찾아 떠나기 시작한 것이다. 그 과정에서 자신의 재능을 파악하고 그것을 활용할 방법을 찾아낸 사람들은 고용주가 나누어주는 조그만 몫에 만족하지 않고 자신이 직접 고용주가 되기 위한 도전에 나섰다. 물론 컴퓨터를 비롯한 생산수단의 가격이 무척 싸졌기 때문에 과거에는 어느 정도 규모가 되는 기업만이 소유할 수 있었던 생산수단을 개인이 쉽게 구입할 수 있게 된 것도 커다란 역할을 했다.

지금과 같은 경기불황 속에서 마이크로기업가가 주목받는 가장 큰 이유는 바로 개인이 자신의 일자리를 만들 수 있다는 데 있다. 이들은 자신의 삶과 가족, 행복에 더 많은 가치를 할애하며 돈에 대한 관점에서도 기존의 경직된 사고방식에서 벗어나고 있다. 돈을 벌기 위해 가족까지 내팽개치고 산업전선에 뛰어들어야 했던 과거의 노동자와는 완전히 다른 모습이다.

마이크로기업가는 시간을 철저히 관리함으로써 가족이나 취미, 건강 등 자신에게 더 큰 가치를 두고 있는 영역으로 라이프스타일의 비중을 옮겨가고 있다. 시간의 유연성이 가치의 유연성으로 이어지는 것이다. 그들은 자신이 사랑하는 일에 더 많은 시간을 들일 수 있다. 물품이나 지식뿐만 아니라 장소, 기술, 열정 등 이미 가지고 있는 것들을 사고팔기 때문에 비즈니스에서 떠안아야 하는 리스크를 파격적으로 줄이고 있다. 어떤 이들은 오랜 인생의 경험에

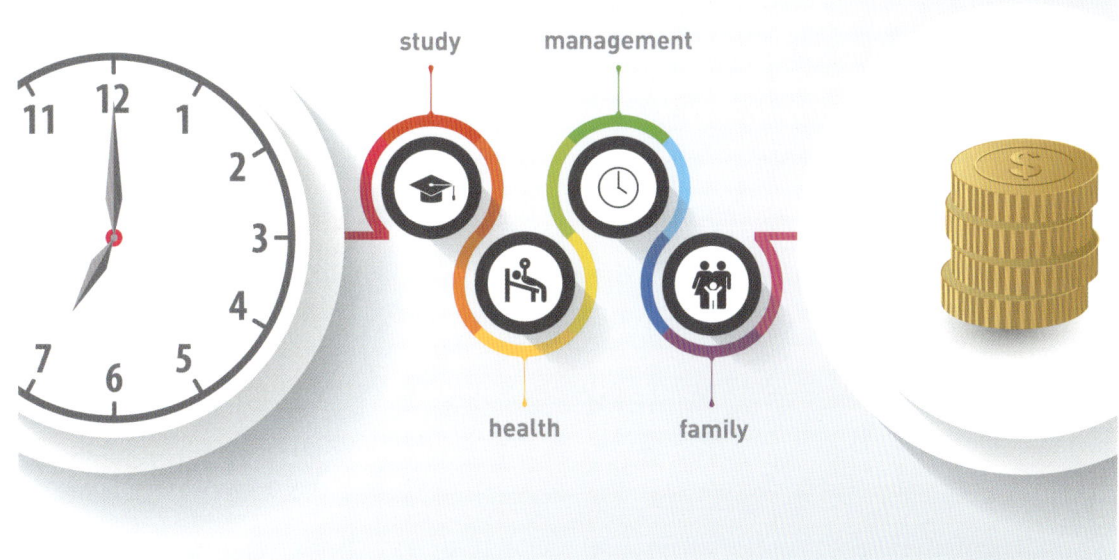

마이크로기업가는 시간을 철저히 관리함으로써 자신에게 더 큰 가치를 두고 있는 영역으로 라이프스타일의 비중을 옮겨가고 있다.

서 얻게 된 지식과 기술, 풍부한 경험 등의 가치를 재해석해서 사업화하기도 한다. 은퇴자들이나 출퇴근이 어려운 사람들도 얼마든지 자기 사업을 구상할 수 있게 된다는 이야기다.

이들은 단순히 상사가 지시하는 업무만 하는 것이 아니라, 개인의 목표와 기업이 추구하는 목표를 일치시켜 주인의식을 가지고 일한다. 이것은 창업을 하건 조직생활을 하건 다를 바가 없다. 개인의 아이디어가 그대로 조직에 반영되고, 그 아이디어들을 모아 새로운 조직구조와 참고 지침서, 가이드를 통한 플랫폼이 형성된다. 그 안에서 개개인들이 모여 창의적인 일들을 만들어낸다. 이들이 시장성을 확보하기까지는 아직 시간이 걸리겠지만, 마이크로기업의 성장 지수는 거침없이 상승곡선을 그리고 있다.

마이크로기업이 빠르게 성장하는 또 다른 이유는 그들이 생산하는 상품을 사용하는 것이 곧 새로운 경제방식을 탄생시킨다는 것이다. 하우스와 별장 대여 서비스를 만들어 공유경제를 대중에게 알렸고, 고객과 함께 새로운 상품을 기획하고 생산하는 협업경제로 세상을 바꿨다. 나아가 이들은 새로운 시도를 주저하지 않는 모험심을 바탕으로 스스로 고용을 창출하고 대기업이 중심이던 비즈니스 지도를 바꿔놓았다.

물론 마이크로기업 역시 기존의 시장원리에서 벗어날 수는 없다. 긍정적인 것은 일단 가격 면에서 유리하다는 것이다. 대기업이나 전문 서비스를 통한 구매에 비해 플랫폼에서 구입하는 것이 경제적이라는 사실은 절대 무시할 수 없는 매력이다. 특히 플랫폼 방식은 개인 맞춤형 상품 구성이나 판매가 가능하기 때문에 서비스를 개인화하거나 사용자 정의를 구현하기가 한결 쉽다.

미래학자인 다니엘 핑크는 자신의 기념비적 저서인 《프리 에이전트의 시대가 오고 있다 Free Agent Nation》에서 마이크로기업가의 근간이 된 프리 에이전트에 대해 이야기하며 다음과 같은 말을 남겼다.

"그렇게 뛰쳐나왔지만 나는 외롭지 않았다. 최소한 그렇게 느꼈다. 내 친구와 이웃 여러 명이 나와 비슷한 행로를 밟고 있었다. 그들은 스스로의 힘으로 새로운 길을 개척하기 위해 전통적인 개념의 직장을 그만뒀다. 물론 몇몇은 차세대의 대기업을 자기 손으로 일으켜 세워보겠다는 꿈을 열심히 좇았다. 하지만 대부분의 사람은 좀 더 겸손한 생각을 하고 있었다. 그들은 나처럼 지쳤고 불만스러웠을 뿐이었다. 그들은 단지 자신의 삶을 자기 손으로 떠맡고 싶었을 뿐이었다."

이제 많은 노동자가 스스로를 자영업자, 독립계약자, 기업가라고 생각하고 있다. 비용 절감과 정리해고, 대량 실업의 시대에 자기 운명을 스스로 책임지기 위해 즐겁게 계속해서 하고 싶은 일을 찾아나선 것이다. 이처럼 원하는 시간에 원하는 장소에서 원하는 만큼 원하는 조건으로 자신의 일자리와 새로운 소비시장을 직접 만드는 마이크로기업가는 앞으로 더욱 늘어날 것이다.

그렇다고 해서 미래에는 모두 마이크로기업가가 되어 창업을 해야 하고, 그들만이 경제의 핵심세력이 될 것이라고 확대해석하는 것은 아니다. 기업에 있는 사람들 모두에게 창업을 권유하는 것도 아니다. 개인의 능력을 마음껏 발산할 수 있는 일을 선택하고, 그 같은 조직에 들어가서 일한다면 창업하지 않아도 마이크로 사업들이 가질 수 있는 즐거움과 혜택을 얼마든지 누릴 수 있다. 구성원 개개인이 타고난 재능과 역량을 100% 발휘할 수 있도록 돕는 조직은 분명 성장할 것이기 때문이다.

마이크로기업가의 길을 가는 창업자들이나 기업 내부에서 개인 역량을 발휘하는 기업가들의 공통점은 자신이 원하는 일을 즐기는 방식으로 해나가는 퍼플피플이라는 사실이다.

이노허그 윈터 에디션

이노허그 헤드폰

●

이제는 조직이 아니라
한 사람, 한 사람이 가지고 있는 힘이
얼마나 대단한지 보여줄 수 있어야
성공할 수 있다.

● ●

지난해 미국의 사례를 보면 취업자의 14%인 400만 명이 창업했다고 한다. 개인의 역량과 디지털기술의 발전은 '창의적 창업자'라는 새로운 군단을 만들고 있다. 새로운 기술과 서비스로 부가가치를 생산하거나, 기존의 방식을 혁신해 부가가치를 생산하는 방식을 창업으로 연결해 새로운 성공을 만들어내는 것이다. 공유경제를 이끄는 디지털 플랫폼은 창의적·열정적 개인들에게 자유로운 라이프스타일과 수익을 동시에 제공한다. 이제 아이디어와 도전정신, 그리고 개인 역량을 지닌 퍼플피플의 인생관이 바뀔 차례다.

●
우리는 망원경 같은 시야로
세상을 보는 동시에,
현미경을 통해
세밀한 문제점도 찾아내야 한다.
숲과 나무를 동시에 보는 눈,
즉 이들을 연결하는
탁월함을 가지고 있어야
끊임없는 창조적 변이를 시도할 수 있다.

● ●

숲과 나무를 동시에 본다는 것은 과연 어떤 의미일까? 급변하는 환경 속에서 다양한 문제를 해결하다 보면 우리는 종종 멀리 내다보고 의사결정을 내리기보다 당장 눈앞에 닥친 위기를 모면하는 것에 급급하기 마련이다. 마치 눈앞의 가장 큰 나무만 키우느라 그 뒤에 가려진 숲은 제대로 관리하지 못하는 것과 같다. 숲을 보려면 적당한 거리에서 전체를 관망하는 혜안을 갖춰야 하고, 나무를 보려면 가까이 다가가 작은 변화를 포착하는 자세가 필요하다.

●
"내 직업은 앞으로 몇 년간 유효할까?"
이 질문을 마음 편히
받아들일 수 있는 사람이 얼마나 될까?

●●
사람들이 일하던 공장의 생산설비를 로봇이나 자동화 기술이 대체하기 시작한 것은 이미 오래된 일이다. 이제는 공장뿐만 아니라 사무직 근로자들의 일도 컴퓨터와 디지털기술이 손쉽게 대신해준다.
그러나 이렇게 기술이 생활을 변화시켜가는 동안 우리가 간과했던 것은, 많은 사람이 그동안 생계를 유지하기 위해 해왔던 일들을 기술에 빼앗기고 있다는 사실이다. 우리 모두 가까운 미래에 과연 내 직장(또는 직업)이 그대로 유지될 것이냐는 질문을 스스로 던져봐야 한다.

싸이월드 팝콘

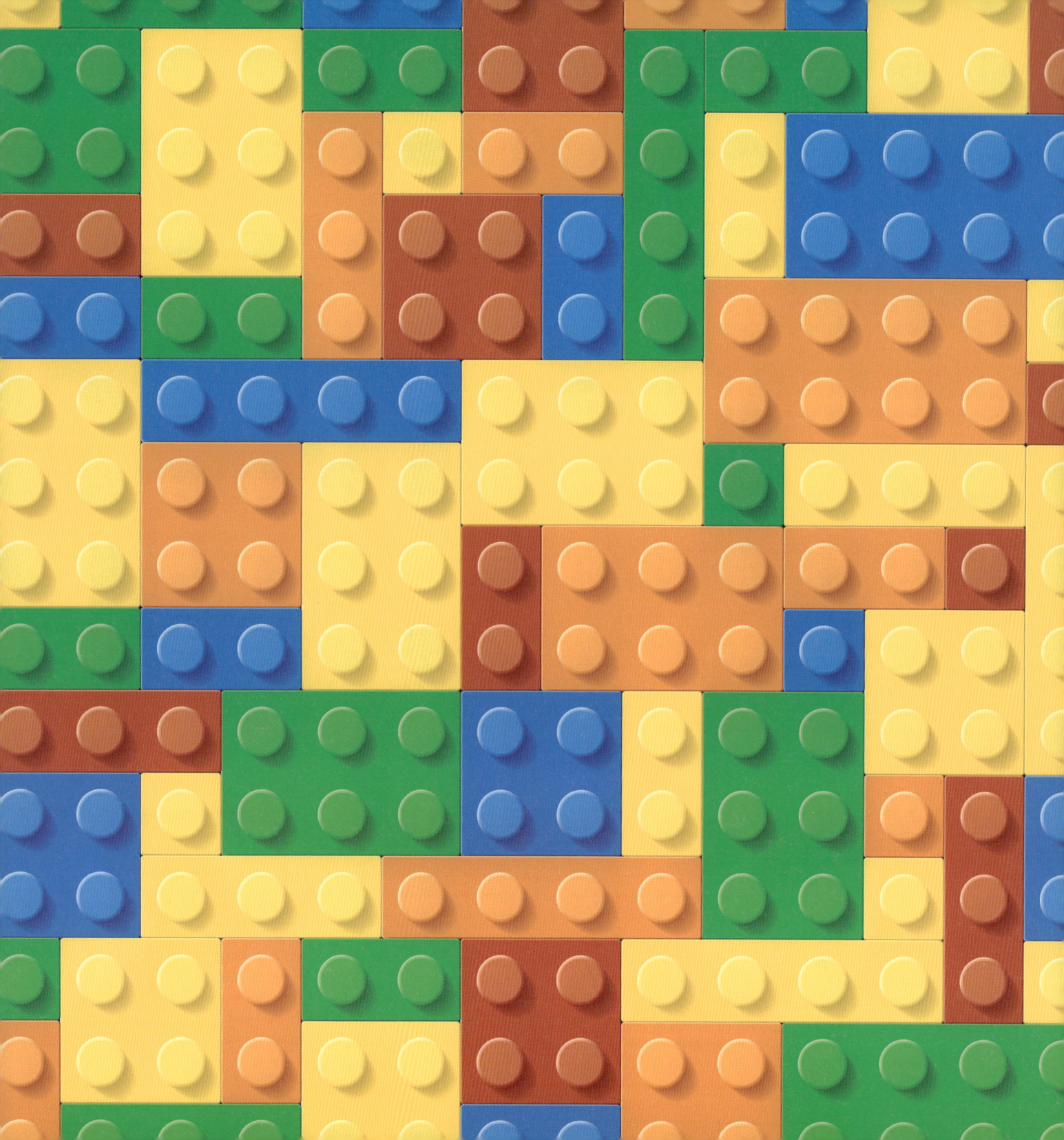

자기만의 브랜드를 창조하자

Brand Yourself!

나의 과거는 결코 바꿀 수 없지만,
오늘 내 행동을 바꿈으로써 나의 미래를 바꿀 수 있다.

― 솔로몬

지금 하는 일이 바로
'나'라는 브랜드

나는 항상 내가 서 있는 이곳이 세상의 중심이라고 생각한다. 나의 왼쪽은 지구의 왼쪽이고, 나의 오른쪽은 지구의 오른쪽이다. 내가 이 세상의 주인이 되지 않으면 내 삶의 주인도 될 수 없다. 세상의 중심에 당당히 설 방법을 찾는 것은 '나'라는 가치를 최대한 실현해낼 방법을 찾는다는 것과 같다. 나에게는 그것이 바로 디자인이었다.

내게 디자인은 사랑이고 즐거움이고 행복이다. 세상에 산업디자인이라는 일이 있다는 것을 알게 된 중학교 때부터 지금까지 그 사실에는 변함이 없다. 하지만 이 일을 시작한 초기의 생각과 크게 달라진 것이 있다. 처음에 디자인이 내게 준 것이 사랑이고 즐거움이고 행복이었다면, 10여 년 전부터는 내가 디자인을 통해 사람들에게 주고 싶은 것이 사랑이고 즐거움이며 행복이다.

내가 사용자에게 기쁨을 주기 위해 디자인하듯이 사용자 중심의 감각적인 서비스를 제공하는 것으로 유명한 항공사가 있다. 그 유명한 버진그룹의 버진 애틀랜틱 항공이다. 버진 애틀랜틱 비행기에는 호화로운 좌석과 음악감상실은 물론 마사지실, 안마실, 심지어 바까지 갖추어져 있다. 좌석마다 개인 비디오를 제공하고 일부 노선에는 미용사와 재단사를 탑승시켰으며, 고급 승객들에게는 오토바이 운전 서비스를 제공하는 식으로 서비스가 파격적이었다. 비즈니스클래스 요금으로 1등석 서비스를 제공하기도 하였다. 기내 쇼핑목록도 다른 항공사와는 차원이 달랐다. 기존의 항공사가 주류, 담배, 화장품, 탑승기념품 같은 것들만 형식적으로 갖추어놓고 있는 데 비해 버진은 웬만한 면세점 못지않은 다양한 아이템을 구비하고 있다. 왜 그럴까? 이유는 간단하다.

"그렇게 하면 고객들이 좋아하니까!"

고객들은 항상 색다른 감정을 느끼길 원하며 자신이 직접 체험해보고 싶어 한다. 장거리를 이동하기 위해 비행기를 타지만 비행시간을 좀 더 즐겁게 보내는 것을 중요한 가치로 여긴다. 따라서 감각적인 서비스를 받으며 만족감을 느끼고 싶은 것이다. 버진그룹은 고객이 원하는 것을 그대로 해야 한다고 생각한다.

실제로 버진그룹은 고객을 흥분시키고 즐거움을 줄 수 있는 것이라면 무엇이든 판매하는 기업이다. 지금은 항공사로 더 유명한 이 기업의 첫 번째 주력상품은 레코드였다. 그런데 지금은 식음료부터 항공사까지 소유한 거대 그룹으로 성장했다. 심지어 아이패드 애호가들을 위한 전용 잡지까지 창간해 주목을 받았다. 고객이 원하는 것이라면 무엇이든 만들거나 팔 수 있다는 것이 그들의 기본 생각이다.

버진그룹의 이 같은 행보는 창업자인 리처드 브랜슨Richard Branson부터 자신의 일을 즐기는 것이 가장 중요하다는 철학을 갖고 있기에 가능한 일이었다.

1950년 런던 교외 블랙히스의 중류 가정에서 태어난 그는 어렸을 때 난독증으로 고생했다. 열일곱 살 때 학교를 중퇴하고 잡지 〈스튜던트〉를 창간했다. 취미로 시작한 중고 레코드 통신판매에서 성공한 뒤 버진레코드를 설립했다. 인기 음악가들과 계약해 영국을 대표하는 음반사 중 하나로 성장시킨 뒤 EMI에 매각했지만, 1996년 V2 레코드를 새롭게 출시하면서 런던과 도쿄를 비롯한 세계 각국에서 음악 업종의 버진 메가 스토어를 전개하는 등 음악산업은 버진그룹의 핵심으로 자리매김했다. 1984년 설립한 버진 애틀랜틱 항공이 성공하자 음악산업과 항공산업에서의 성공을 바탕으로 유럽 내 휴대전화 사업에 진출했다.

2004년에 버진 갤럭틱을 설립해 우주여행 사업에도 진출한 브랜슨은 "만약 어떤 일에서 재미와 즐거움을 더는 찾을 수 없다면 드디어 다른 일을 찾아야 할 때가 된 것이다. 행복하지 않게 시간을 보내기에는 인생이 너무 짧다. 아침에 일어나면서부터 스트레스를 견뎌야 하고, 비참한 기분으로 일터로 나

리처드 브랜슨Richard Branson(1950~)

영국 런던 출신으로 고교를 중퇴했지만 '창조경영의 아이콘'으로 불리는 버진그룹의 최고 경영자이다. 1967년 버진레코드를 창업해 성공을 거둔 이후 항공, 레저 스포츠, 금융, 모바일 서비스 등 다양한 분야에 진출해 뛰어난 사업가로 이름을 떨쳤다. 환경문제와 자선사업에도 적극적이며, 2009년에는 세계 최초로 민간 우주여객선 상업화 계획을 공개하여 세상을 놀라게 했다.

버진그룹의 창업자 리처드 브랜슨과 부인 홀리 브랜슨(2011년 런던)

간다면 삶에 대한 올바른 태도가 아니다"라고 밝힌 적이 있다. 이런 생각으로 상품을 만들고 고객 서비스를 하니 고객의 즐거움과 행복에 집중할 수밖에 없지 않겠는가.

그뿐만이 아니다. 브랜슨 자체가 버진그룹의 광고모델 역할을 하고 있다. 그가 가는 곳에는 항상 사람들을 즐겁게 하는 이야기가 있다. 그는 직접 몸으로 광고해 신문의 1면을 장식하겠다고 선언한 뒤,

실제로 신문 1면에 실릴 법한 온갖 기행을 벌여 '억만장자 모험왕'이라는 칭호를 받았다.

열기구를 타고 태평양과 대서양을 횡단하는가 하면, 다시 한 번 열기구로 세계일주에 도전했다 불시착으로 죽을 고비를 넘기기도 하고, 상공에서 폭풍을 만나 추락해서 오스트레일리아 앞바다에 빠지기도 했다. 비행기에서 뛰어내리거나 코끼리에 올라타고 버진항공을 광고한 적도 있다. 또 로스앤젤레

스에 버진 메가스토어를 오픈할 때는 록그룹 '건즈 앤로지스'의 리드싱어 액슬 로즈Axl Rose처럼 체크무늬 미니스커트를 입고 금발 가발을 쓰고 등장해 눈길을 끌기도 했다. 미국에서 모바일 서비스를 출시할 때는 뉴욕의 타임스스퀘어 광장 상공에서 뮤지컬 〈폴몬티〉 출연자들과 함께 몸의 중요 부위를 버진 휴대전화로 가린 채 크레인에 매달려 신문지면을 장식하기도 했다. 런던에서 쿠알라룸푸르로 가는 에어아시아 항공기에서 스튜어디스 복장을 하고 서비스를 한 것은 그리 놀랄 일도 아니었다.

"자신의 분야가 무엇이든 항상 열정적이어야 하며, 자신이 하는 모든 일에서 즐거움을 창조해야 한다"는 그의 철학은 그대로 버진그룹을 상징하는 브랜드 철학이 되었고, 동시에 그 브랜드를 사랑하는 고객의 철학이 되었다. "할리데이비슨을 산다buy는 건 할리데이비슨 스타일로 산다live는 걸 의미한다"는 말처럼, 우리가 어떤 브랜드를 사랑한다는 것은 그 브랜드의 이념을 받아들인다는 것과 같은 뜻이기 때문이다.

브랜슨의 기행이 기업의 홍보를 위한 것이건, 더 많은 수익을 위한 것이건, 세계가 그를 주목하는 것은 그의 행동 하나하나가 우리를 즐겁게 해주기 때문이다. 비즈니스라고 해서 항상 심각할 필요는 없다. 일하는 사람이 즐겁고, 그 기업의 상품이나 서비스를 구매하는 고객도 즐거워야 한다. 나는 그 역할을 하는 것이 디자이너라고 생각한다. 그런 의미에서 볼 때 브랜슨은 버진이라는 브랜드의 디자이너라고 할 수 있다. 그는 자신의 브랜드를 디자인하고 그것을 고객들에게 적극적으로 전달함으로써 기업과 브랜드의 가치를 높이고 있다.

그의 모험정신은 기업에 투영되어 버진이라는 이름은 늘 진취적이고 도전적이라는 이미지를 갖게 되었다. 결국 고객들은 버진이 만들면 뭔가 다를 것이라는 기대를 하게 되고, 브랜슨의 기행에 대해 언제든 유쾌하게 웃을 준비를 한다.

버진그룹은 입사 경쟁이 치열한 것으로도 유명하다. 버진이라는 이름만으로도 왠지 끌리고 버진에서라면 뭔가 새로운 일을 시도해볼 수 있을 것 같은 인상이 각인되어 젊은 인재들이 앞다투어 입사하고 싶어 하는 것이다. 즐거움은 개인의 역량을 최대화하고 성과를 끌어올리는 견인차 역할을 한다. 천재는 노력하는 사람을 이길 수 없고, 노력하는 사람은 즐기는 사람을 이길 수 없다고 했다. 기업이건 개인이건 즐기면서 일해야 성공한다. 나아가 다른 사람들을 행복하게 만들 수 있다. 바로 그것이 퍼플피플이 일하는 방식이다.

DXL-Lab 로고

hycore

하이코어 로고

CJ 황금참기름

●

어떤 브랜드를 사랑한다Love는 것은
그 브랜드처럼 산다Live는 것을 의미한다.

●●

브랜드란 고객의 기억 속에 남아 있고, 고객의 가슴속에 자리 잡고 있는 기업(또는 상품)의 이름이다. 고객이 특정 브랜드를 선호하는 것은 그 브랜드가 갖고 있는 이미지에 동질감을 느끼고, 또한 그 브랜드가 추구하는 지향점을 향해 함께 나아가고 싶다는 의지의 표현이다. 따라서 브랜딩은 고객의 욕구를 규정하고 이끌어가는 힘을 갖고 있어야 한다.

global brands power 2016

●

'나'는 내가 만든다.
'나'는 내가 책임진다.
온갖 경험과 교육도 모두
'나'를 완성하기 위한 것이다.
물론 완성된 '나'는 없다.
노력하는 '나'를 즐길 뿐이다.

● ●

우리는 모두 브랜드 메이커다. 일리노이대학교 교수로 재직하던 시절, 나는 'CIPD 이론'을 제시한 바 있다. C는 Corporate, I는 Identity through, P는 Product, D는 Design이다. 즉 제품의 디자인은 그 기업의 아이덴티티를 담아야 한다는 얘기다. 제품을 보면 그 브랜드가 떠올라야 하는 것처럼, 당신에게서만 뿜어져 나오는 아이덴티티를 가지고 있어야 한다. 창업을 하건 조직 안에서 일하건 자신이 브랜드 메이커이며 나아가 그 브랜드 자체라는 것을 기억해야 한다.

●
가격과 가치의 차이는 무엇일까?
가격은 팔 사람이 붙여놓은 숫자이고,
가치는 살 사람이 인정하고 싶은 숫자다.
만일 가격이 가치보다 높다면,
그것은 바가지다!
반대로 가치가 가격보다 높다면,
그것은 훌륭한 브랜딩이다!
과연 당신은 가격에 좌우될 것인가,
아니면 가치에 좌우될 것인가?

● ●

나를 브랜딩할 때는 튀는 것이 경쟁력이다. 야단을 맞더라도 튀어라. 다른 사람들이 만들어놓은 틀에 갇히지 마라. 기성의 고정관념에 끊임없이 도전하라. 정형화되어 있지 않은 사람은 예측을 불허한다. 우리가 스스로 생각을 바꿀 때 세상도 바뀐다.

독자적 브랜드로
미래를 선점하라

퍼플피플의 모습을 아주 쉽게, 그러면서도 멋지게 설명해주는 아이콘은 단연 애플의 창업자 스티브 잡스다. 잡스는 미래의 가치를 읽을 줄 아는 비즈니스맨인 동시에 남다른 안목과 재능을 타고난 예술가였다. 많은 사람이 그렇겠지만 나는 일찍이 잡스의 독창적이고 파격적인 행보에 큰 관심을 가져왔다. 그가 드러내는 생각의 많은 부분에 절대적으로 공감했고, 존경했으며, 같은 길을 걸어가는 동지라고 느끼곤 했다.

잡스가 창업한 애플은 실리콘밸리의 쿠퍼티노에, 내가 창업한 이노디자인은 실리콘밸리의 팔로에 있다. 물론 애플과 이노디자인은 사업 자체나 규모가 전혀 달라서 비교할 만한 기준이나 비슷한 부분이 있다고는 생각지 않는다. 그러나 디자인을 이해하는 생각만큼은 두 사람 모두 매우 비슷했다.

잡스는 디자인은 디자이너에게 맡기고 기술자는 디자인에 따라 만들면 된다는, 디자인 혁명을 불러일으킨 일갈을 남겼다. 다른 경쟁기업의 CEO가 디자인 전략을 명확히 구사하지 못하던 때였다. 디자이너에게 우선 디자인을 맡기고 그 디자인을 엔지니어에게 완성시키도록 하라는 명쾌한 한마디는 잡스가 어떻게 '디자인'으로 세상을 평정할 수 있었는지 잘 설명해준다. 이 순간 그는 '애플은 곧 스티브 잡스'라는 브랜드 메이커에서 '스티브 잡스는 곧 디자인'이라는 또 다른 자기 브랜드 메이커가 되었다. 애플에 '디자인 중심'이라는 자신의 생각을 덧입힘으로써 제품의 디자인에 독특한 브랜딩 스토리를 부여한 것이다.

나 역시 이노디자인과 김영세라는 브랜드의 창조에 집중하며 1999년 오스트레일리아에서 열린 월

우리나라의 전통 태극 문양과 건곤감리를 활용한 T-Line 머그컵

드 디자인 콘퍼런스에서 '디자인 퍼스트Design First'를 선포했다. 이를 계기로 나와 이노는 물론, 세계 디자인계가 일대 변혁을 맞이했다. 클라이언트의 의뢰를 받아서 하는 디자인은 디자이너의 생각을 100% 담아낼 수 없다. 우리는 클라이언트의 부름만 기다리고 앉아 있을 것이 아니라 디자인을 먼저 해서 생산할 수 있는 회사를 찾아가 제공하는 것도 얼마든지 가능하다는 발상의 전환을 증명해보였다. 디자이너의 창의력을 옭아매는 답답한 고리를 풀어내는 실마리가 된 것이다.

제품 설계에서도 우리는 기술적인 부분보다는 사용자가 원하는 것이 무엇일까에 집중한다. 제조사가 갖추고 있는 기술과 공장 환경을 기반으로 디자인하는 것이 아니라, 가장 먼저 제품에 대한 사용자의 욕구를 찾아내서 그것을 해소하는 데 포커스를 두는 것이다. 그래야 제품의 가치가 확장된다.

사용자의 욕구를 파악하기 위해 주변의 모든 사람과 상황에 관심을 갖고, 보고, 듣고, 느낀다. 애정 어린 시선으로 상대를 관찰하는 것만으로도 그들의 필요와 욕구를 알 수 있다. 머릿속에서는 끊임없이 시뮬레이션이 반복되고, 상상이 이어지고, 스케치북이 넘어간다. 그러다 안 그리고 못 배길 때 펜을 들어 그리기 시작한다. 이렇게 해서 탄생한 상품은 실패할 수가 없다. 사람을 중심에 둔 디자이너의 혼이 깃들어 있기 때문이다.

디자인이란 겉모양만 멋지게 바꾸는 것이 아니다. 이미 만들어진 물건에 색을 칠하는 것을 넘어 사용자 중심의 기능과 디자인을 고안해서 제조사에 아이디어를 제안함으로써 먼저 디자인을 하고 상품을 생산해내도록 이끄는 과정이다. 이것은 변하지 않는 내 생각이자 이노의 사명이다. 어떤 기능이나 기술보다 디자인이 먼저다. 10여 년 전만 해도 이런 일은 생각 자체만으로도 새로운 것이었다. 하지만 생각을 바꾸면 얼마든지 가능한 일이기도 했다. 그 덕분에 이노는 '디자인 실용주의', '디자인 대중화'를 이끌어냈다는 평가를 받으며 확실한 브랜드 가치를 키워냈다.

미래는 아직 오지 않은 시대이자 새로움으로 채워질 시대다. 현재 세계 산업을 주도하고 있는 주인공들은 모두 한 발 앞서 기업 전체와 구성원들의 개인 브랜드 성장에 집중해온 이들이다. 기업과 개인에 상관없이 독자적인 브랜드를 고안해내는 것은 경쟁력을 강화하는 지름길이다. "가장 한국적인 것이 가장 세계적인 것이다"라는 말처럼 자신의 정체성과 전문성을 전달하려는 노력이 성공을 예약한다는 것은 불을 보듯 명확한 일이다.

한국인에게는 다섯 가지 '림'이라는 경쟁력이 있다고 했다. 떨림, 울림, 끌림, 어울림, 몸부림이다. 이제 코리아라는 브랜드는 가히 세계적이다. 감성으로 경쟁하는 미래를 준비하는 한국의 경쟁력은 '한국인 특유의 창의적 재능'이라고 생각한다. 나는 한국에서 많은 퍼플피플이 생겨나고 이들이 세계를 이끄는 시대를 기대한다.

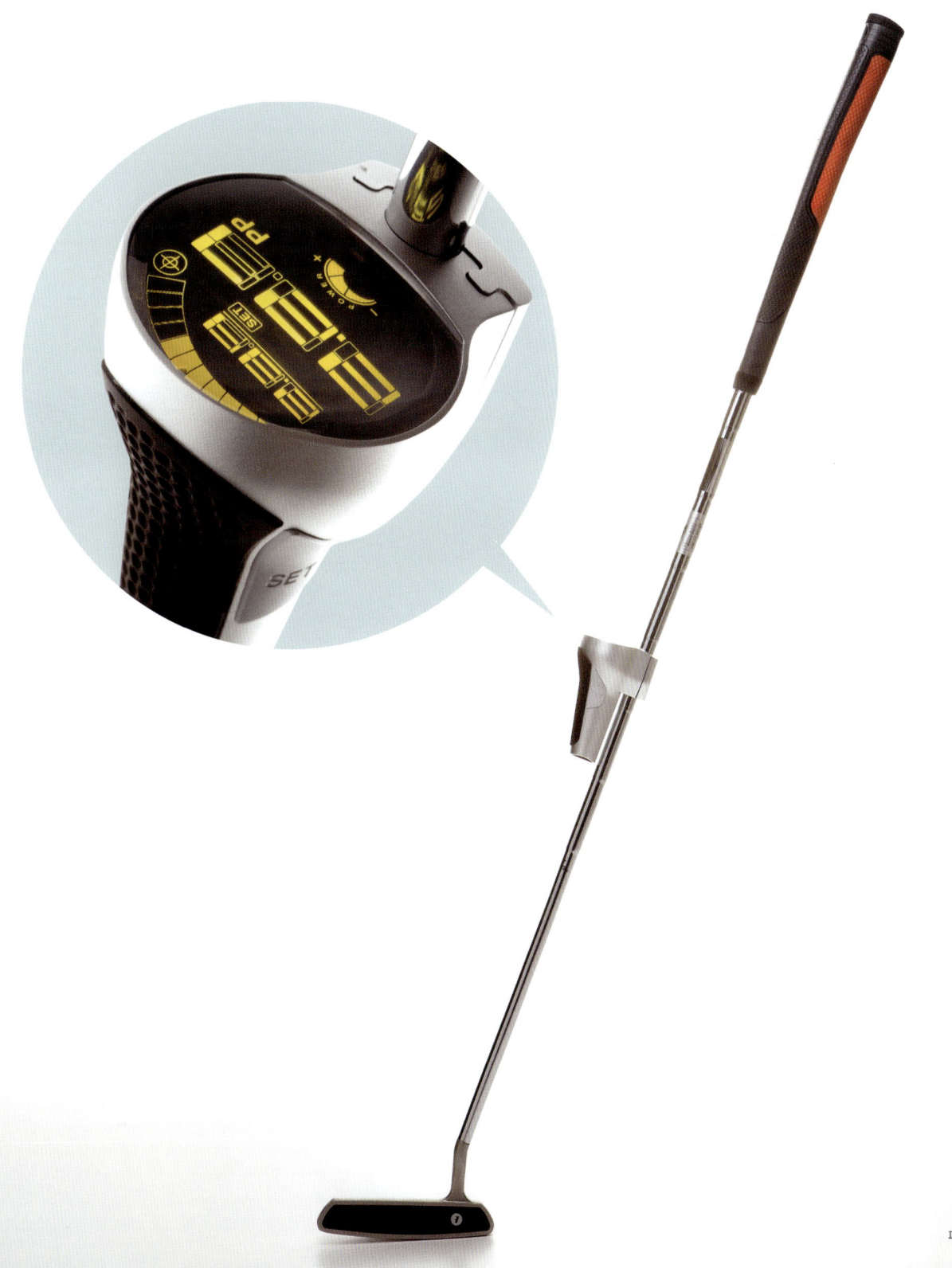

퍼팅 트레이너 Puttist

조선호텔 100주년 콘셉트룸

•
당신의 브랜드에는
당신만의 독특한 이야기가
담겨 있어야 한다.
그 스토리를 더욱 멋지게
꾸미는 것이 디자인이다.
당신 스스로 당신 브랜드의
디자이너가 되어라.

● ●

브랜딩의 개념을 마케팅 수단이라고 생각하는 것보다, 나를 둘러싼 모든 것과 비전을 공유하는 커뮤니케이션 수단으로 볼 때 브랜드 파워가 극대화된다.

●
브랜드는 고객들에게서
'전문성'을 인정받는
믿음의 상징이다.

● ●

기업의 성패는 자신의 브랜드를 통해서 고객의 신뢰를 얻을 수 있느냐에 따라 좌우된다. 브랜드는 기업의 정체성과 전문성을 고객에게 전달함으로써 고객에게서 신뢰를 얻어내는 역할을 하기 때문이다. 당신의 브랜드는 어떤 전문성을 인정받고 싶은가? 이것이 브랜드 전략을 수립할 때 던져야 할 첫 번째 질문이다.

●
나는 항상 사랑하는 사람에게
'선물'하듯이 디자인한다.
당신이 하는 일 역시
반드시 누군가에게
'선물'이 되어야 한다.

● ●

10년도 더 된 일이다. 아들 윤민이 어머니날 선물로 쿠폰북을 만들어 왔다. 거기에는 설거지하기, 세차하기, 안마하기 등 엄마를 위해 자신이 선물할 수 있는 일들이 만기일과 함께 예쁘게 담겨 있었다. 아내와 나는 깔깔거리며 쿠폰북을 한 장 한 장 넘겼다. 그런데 진짜 선물이 마지막 장에 있었다. 거기에는 '엄마를 사랑하기!: 만기일 없음'이라는 글이 적혀 있었다. 그날 나는 어린 아들에게서 배웠다. '디자인은 다른 사람을 사랑하는 것'이라는 사실을….

사람에 대한 '사랑'이 담긴 디자인은 반드시 사용자의 마음을 움직인다. 이것이 히트상품을 만드는 비결이다. '나는 진정으로 다른 사람들을 위해 일하는가?', '내가 하고자 하는 일은 사회에 보탬이 되는가?'와 같은 질문을 던져 끊임없이 자기검증을 해야만 지금 당신이 계획하고 있는 일들을 좀 더 오래, 즐겁게 할 수 있다. 지금 당신이 하는 일은 과연 누구에게 '선물'이 될까?

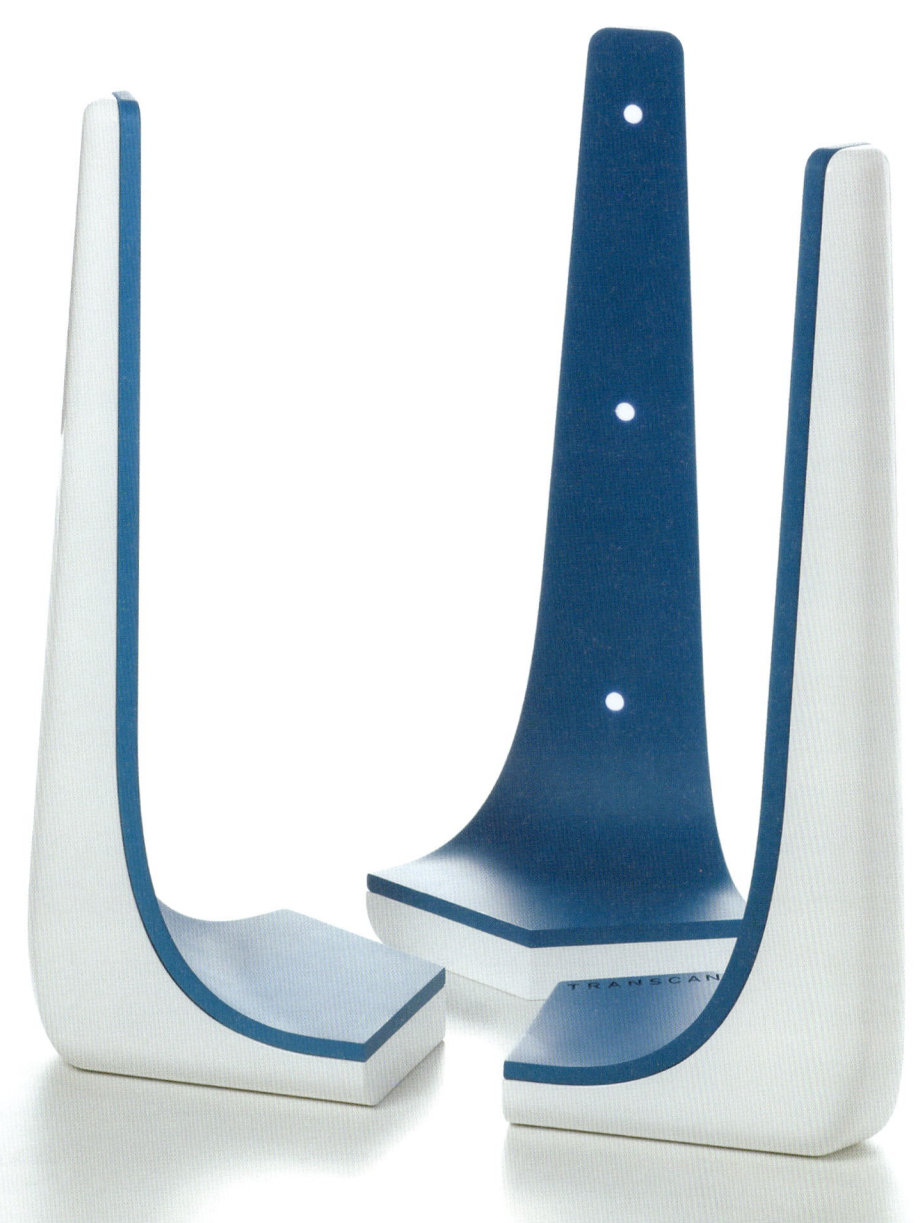

트랜스캔

나를 끊임없이
변주하라

나는 이노의 디자이너들에게 "예술가처럼 일하라"고 말한다. 직장인이지만 출퇴근시간보다 영감에 따라 일하고, 조직에 속해 있으나 항상 자유인으로 살라고 말이다. 이노피플에게 전하려는 핵심은 '예술가의 열정'을 지니라는 것이기 때문이다. 물론 디자인 프로젝트를 진행하다 보면 온갖 상황과 타협하거나 양보해야 할 때가 많다. 클라이언트가 있는 상품을 디자인하는 것이 주된 일이다 보니 예술가 같은 생활을 한다는 게 쉽지 않은 것도 사실이다. 그래도 나는 '경지에 오를 디자이너의 작품세계는 예술의 세계와 같을 것'이라고 믿고, 그 믿음을 이노피플에게 전하기 위해 애쓴다.

이 같은 생각은 이노디자인의 기업문화가 되었다. 일단 이노의 디자이너들은 자유롭게 생활한다. 자유로워야 새로운 아이디어가 떠오르기 때문에 출근시간이나 근무태도 같은 것은 논란거리가 되지 못한다. 내가 좋아하는 일을 즐겁게 하는데 무슨 잔소리가 필요하겠는가? 이런 사람들은 어디서 일하건 그 자신이 바로 회사 오너인 것처럼 생각하고 행동한다. 자신의 일과 인생에 주인의식을 갖고 있으니 그가 바로 회사 주인인 것이다.

그러다 보니 일하는 프로세스 또한 차이가 있을 수밖에 없다. 이노에는 이노만의 서비스 디자인 프로세스가 있다. 그 핵심이 되는 것이 자기 주변을 관찰함으로써 실제 사용자 처지를 이해하고, 디자이너 자신이 실제 사용자가 되어서 혁신을 주도해가는 것이다. 흔히 가장 중요하게 생각하는 사용자 대상의 설문조사 자료는 시간을 단축하는 도구일 뿐 핵심은 될 수 없다. 제품을 설계하고 디자인하는 사람이 철저히 사용자 처지에서 사용해보고, 주변 사람들의

이노디자인 판교 사옥 원형 회의실

실질적인 소감을 청취하는 것이 더욱 중요한 역할을 한다.

가상의 사용자를 설정하고, 사용자의 특성을 전방위적으로 캐릭터라이징해서 그에 맞는 세부 디자인을 만들어내는 것이다. 이때는 얼마나 더 사용자에 가까워질 수 있느냐가 디자인 프로세스를 좌우하는 열쇠가 된다. 그 과정이 끝나고 나면 빠르게 스케치가 이어지고 좀 더 구체적인 도면이 만들어진다. 일례로 이노에서 작업한 스팀다리미도 이와 같은 과정을 거쳐 작업이 진행되었다.

이노의 디자이너들은 클라이언트의 요구가 있기 전에 먼저 디자인 콘셉트를 잡고 상품기획을 해서 제안하는 과정을 거친다. 모든 디자인은 디자이너의 아이디어가 먼저고, 그다음에 그것을 상품화하기 위해 스스로 상품기획을 만들어낸다. 개발의 모든 프로세스에서 디자인을 가장 먼저 생각함으로써 디자이너의 창의력이 잘 발현된 최초의 아이디어가 그대로 상품화된다.

창의적인 일을 한다는 것 자체가 엄청난 스트레스를 동반하는 일이다. 하지만 삶 속에서 새로운 것을 만들어낸다는 즐거움을 다른 무엇과도 바꿀 수 없다. 이 때문에 이노피플에게 일은 스트레스라기보다 즐거운 자극이다. 바로 이런 태도가 이노를 차별화하고 이노의 디자이너들을 차별화하는 것이다.

나 역시 늘 창의력을 잃지 않기 위해 노력해왔다. 이를 위해 무엇보다 중요하게 생각하는 것은 나만의 디자인적 정체성을 드러내는 아이콘을 찾는 것이다. 앤디 워홀에겐 캠벨 수프 통조림이, 베르사체에겐 메두사가 있듯이 나를 표현해낼 수 있는 디자인 DNA가 필요했다. 내 안에 축적되어 있는 정체성을 곰곰이 생각해보니 그동안 IT, 전자, 하이테크 제품 디자인에 주로 참여했음에도 나의 디자인 세계에는 태극기에서 느꼈던 라인의 매력이 강하게 자리 잡고 있음을 알 수 있었다.

무엇보다 태극기를 보면 감각적으로, 때로는 감정적으로 아름답다고 느낀다. 태극기 안에서 멋들어지게 어우러지는 직선과 곡선, 청홍흑백의 단아한 조화에는 디자이너이면서 한국인인 내 마음을 뜨겁게 만드는 무언가가 있다. 《주역》의 기본 괘이자 태극기의 모서리에 표현되어 하늘과 땅, 물과 불을 상징하는 건곤감리乾坤坎離의 직선에서는 한국인의 강직함을, 우주 만물의 근원이 되는 태극太極의 유려한

건곤감리의 직선 문양을 활용한 T-Line 넥타이

곡선에서는 한국인의 유연함을 읽는다. 그래서 태극기야말로 가장 강인하면서도 가장 유연한 한국인의 표상이라고 단언한다.

태극기를 모티프로 작품활동을 해온 지는 제법 오래되었다. 스카프나 클러치 같은 패션 소품에서 커피잔이나 접시 같은 생활용품, 노트나 펜 같은 문구까지 건곤감리와 태극이 내 안에서 끊임없이 베리에이션하며 진화를 거듭하고 있다. 태극 도형에서 음과 양이 질적 변화와 양적 성장의 선회旋回운동을

국립중앙박물관 이촌역 나들길 지하통로

거치는 과정을 구체적으로 나타낸 사괘四卦를 이용해 한식세계화 인증마크를 만들기도 했다. 이 작품은 각계에서 큰 호평을 받았는데 내가 생각해도 절묘한 의미와 조화가 깃들어 있었다. 사괘의 건곤감리인 하늘과 땅과 물과 불 네 가지가 있으면 어떤 음식이라도 만들 수 있는 게 아닌가! "한식세계화의 모티프로 이 이상의 아이디어는 없을 듯하다"는 얘기를 들을 때면 마치 내가 아니라 내 자식이 칭찬받는 듯한 기분이 들어 나도 모르게 어깨가 우쭐해지곤 한다.

이노컬렉션 제품들에 한국적 모티프를 반영하는 것도 한국의 국가 브랜드를 세계에 알리고 싶다는 뜻이 담겨 있다. 인천공항 면세점에 이노컬렉션 매장을 오픈한 것도 사업성에 대한 욕심보다는 외국인을 대상으로 하는 매장이니만큼 우리 것을 알리는 데 작으나마 힘을 보태고 싶다는 의지의 발로였다. 디자이너로서 할 수 있는 일 중 큰일이 바로 그런 것이라는 생각을 오래전부터 해온 까닭이다.

2012년 완공한 대형 프로젝트 역시 태극기를 모티프로 삼아 전개했다. 지하철 4호선 이촌역에서 중앙박물관 본관에 이르는 지하통로 공간을 '무빙 뮤지엄'이란 타이틀로 작업해달라는 의뢰가 들어왔을 때 처음에는 고사했다. 일찍이 공간에 대해 남다른 의미를 부여하고 관심을 가져온 것은 사실이지만 나는 건축을 하는 사람도 아니고 설치미술을 하는 사람도 아니었기 때문이다. 게다가 이 지하통로는 길이가 250미터나 되었다. 건축이나 설치미술을 하는 사람에게도 쉽지 않은 작업이 될 터였다.

하지만 박물관 측의 뜻은 확고했다. 한국의 문화를 상징하는 국립박물관인 만큼 한국 디자인의 대표성을 '디자이너 김영세'를 통해 찾아보자는 데 관계자들이 뜻을 모았다는 것이다. 게다가 나는 문화체육관광부에서 위촉한 문화명예교사를 맡아 재능기부를 하고 있으니 그와도 맥락이 닿는 일이라며 다시 한 번 더 생각해볼 것을 권유했다.

결국 나는 생각을 바꿨다. 어느 날 밤 문득 '250미터 지하공간이니 네 벽을 합치면 1킬로미터짜리 화폭에 나 나름의 그림을 그린다고 생각해보자'는 영감이 떠오른 것이다. 그 순간 가슴이 뛰었다. 세상 어느 화가가 1킬로미터짜리 화폭에 붓질을 해봤겠는가? 감정이 뜨겁게 달아오르며 머릿속에 그려오던 태극기가 모티프가 되어 아이디어가 떠올랐다.

나는 바로 스케치를 시작했다. 그렇게 만든 스케치를 수십 번 들여다보며 스스로 검증단계를 거치자 어느새 자신감이 차올랐다. 다음 날 아침, 나는 한번 해보겠다는 뜻을 밝히며 태극기를 모티프로 한 아이디어를 제안했다. 박물관 측에서는 두 손을 들어 반겼다.

나는 내가 디자인한 국립중앙박물관의 무빙 뮤지엄이 세계에 알려졌을 때를 상상해보았다. 나는 한국인이고, 한국의 디자이너다. 그리고 이 작품은 한국인으로서 나의 자부심을 표현한 것이다. 나는 그간 이노컬렉션에 이 같은 모티프를 지속적으로 투영해왔고, 크기를 떠나서 내가 갖고 있는 정체성과 가치를 발표할 수 있는 화폭이 마련되었다는 것은 크나큰 영광이었다. 또한 이런 프로젝트를 통해 나의 정체성을 재확인하는 것은 나를 한 단계 업그레이드할 수 있는 계기가 될 것이었다. 자신에 대한 확신과 신념이야말로 나와 이노가 미래를 향해 나아가는 밑거름이기 때문이다.

국립중앙박물관 지하통로

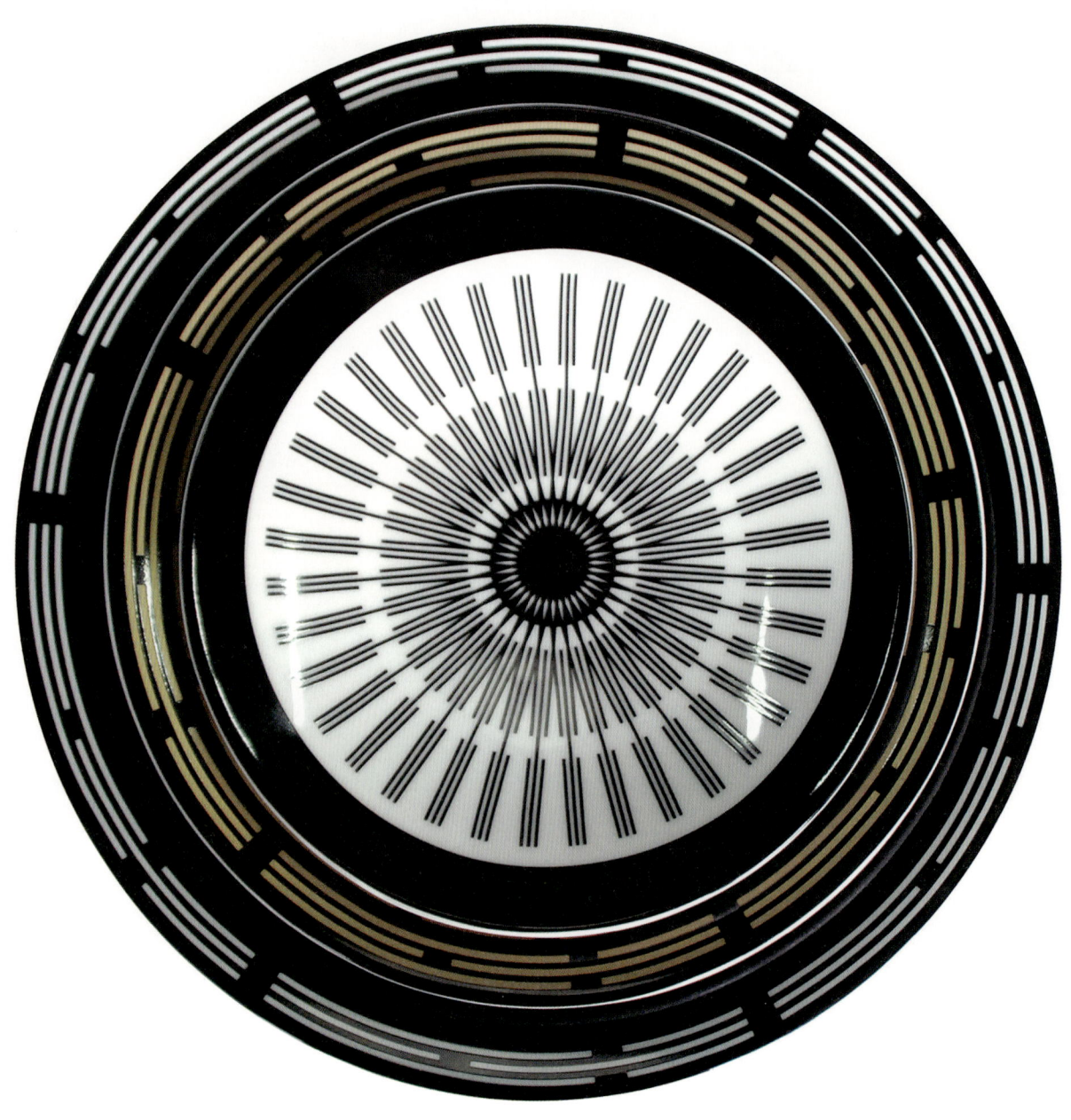

T-Line 접시

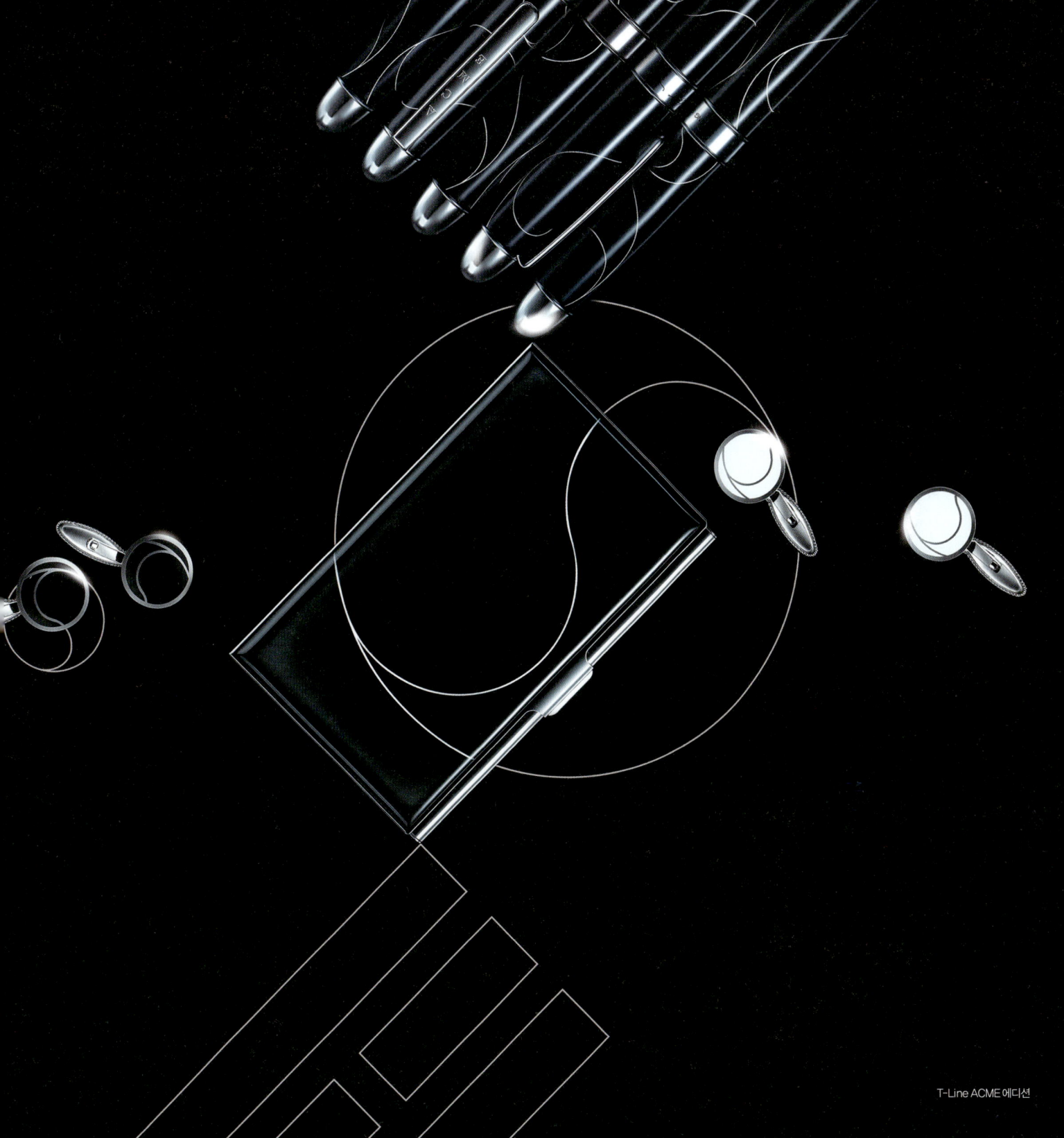

T-Line ACME 에디션

●
우리가 회사에 출근하는
가장 멋진 이유는?
하고 싶은 일들이
내 가슴을 뛰게 하기 때문이다!

● ●
산업시대의 유물인 당근과 채찍만으로는 이제 더는 동기부여가 되지 않는다. 직장인들은 유연한 시간개념, 자유롭게 선택할 수 있는 과제, 일하는 즐거움, 성과를 인정해주는 보상을 기대한다. 그러니 사람을 고용할 때는 돈을 위해 당신을 돕는 사람이 아니라 그 일을 사랑하는 사람을 찾아야 한다. 개인도 마찬가지다. 많은 취업 준비생이 연봉 높은 대기업에 목을 매지만 '대기업' 자체는 절대 꿈이 될 수 없다. 날마다 즐겁게 출근하고 싶거든 아침에 눈을 떴을 때 가슴 뛰게 하는 일을 찾아야 한다. 그것이 퍼플피플의 기본 자세다.

●
우리 대부분이 가장 경계해야 할 위험은
목표를 너무 높게 세워서
그걸 이루지 못하는 것이 아니라,
목표를 너무 낮게 세워서
그걸 덥석 이루어버리는 것이다.

— 미켈란젤로

● ●

디자인의 궁극적 목표는 '브랜딩'이다. 퍼플피플의 궁극적 목표 역시 '나를 브랜딩하는 것'이다. 브랜드는 디자인으로 브랜딩한다. 기업의 최고 경영진에 브랜드와 디자인을 총괄할 인재를 포함시키는 일은 치열한 경쟁 환경 속에서 기업이 살아남기 위한 필수 조건이 될 것이다. 이것이 대기업들이 추구하는 창의경영의 답이다. 실제로 브랜딩은 기업의 생산물과 사용자들을 연결하는 고리이며, 디자인은 사용자의 감성을 움직일 수 있는 상품과 서비스 개발을 목표로 한다.

지금 취업을 앞둔 대학생들이 가장 몰두하는 것이 '스펙 쌓기'라고 한다. 이는 인간 표준화에 지나지 않으며 세상이 필요로 하는 '나' 만들기에 역행하는 일이다. '너(또는 쟤)'와 같은 삶과 목표가 아닌 '오직 나'라는 콘텐츠를 창조해야 퍼플피플로 가는 인생이 열린다.

●
현대사회에서는
시간에 쫓기는 사람보다
시간을 다스리는 사람이
성공한다.

● ●

시간의 지배를 받는 사람은 마감일에 자기 능력을 맞춘다. 이런 사람은 같은 일이라도 시간을 많이 주면 천천히 한다. 시간을 지배하는 사람은 마감일에 무관하게 자기 능력대로 일을 마치고 또 다른 일을 찾는다. 누가 더 성공하겠는가?
제대로 된 시간과 용역을 관리하기 위해서라면 주어진 기한에 얽매여서는 안 된다. 작업에 필요한 시간과 에너지는 필요한 만큼만 쓰면 된다. 주어진 일을 조금이라도 빠르게 처리하고 남은 시간과 에너지는 또 다른 중요한 일에 사용하는 것이 효율적이다. 퍼플피플은 프리랜서처럼 시간을 자유롭게 사용하는 일에 종사할 확률이 높기 때문에 시간관리야말로 가장 중요한 능력이라 할 수 있다. 시간을 지배하는 자가 세상을 얻는다.

이노디자인 T-Line 쇼퍼백, 파우치 세트

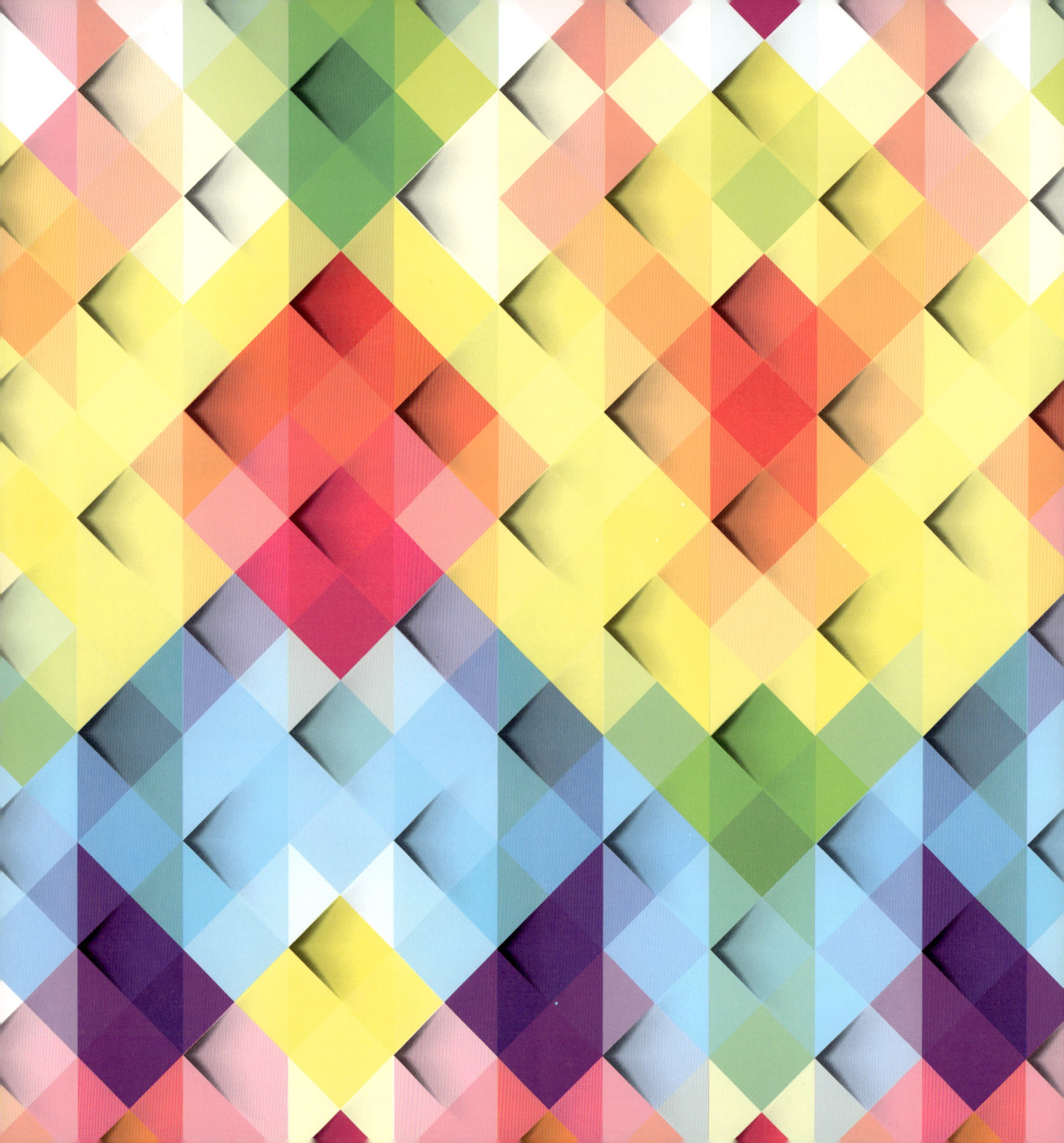

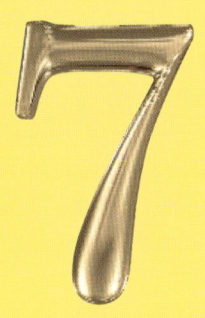

세상을 바꾸어나갈 젊은이들에게 들려주고픈 이야기

Listen to my message!

나는 유별나게 머리가 똑똑하지 않다.
특별한 지혜가 많은 것도 아니다.
다만 나는 변화하고자 하는 마음을 생각으로 옮겼을 뿐이다.

— 빌 게이츠

실리콘밸리 산호세 전경

내 삶의 기반이 된 실리콘밸리

'Welcome to the hotel California….'

내가 평소 좋아하고 자주 따라 부르는 그룹 이글스Eagles의 '호텔 캘리포니아Hotel California'가 일리노이대학교 어버나 샴페인 캠퍼스를 떠나 일주일 이상 차로 달려 캘리포니아에 입성하는 순간 차의 FM 라디오에서 흘러나왔다. 마치 우리를 환영하는 듯이.

그때가 1982년이었으니 벌써 34년이 지났다. 당시 나를 움직이게 했던 것은 '실리콘밸리'를 향한 막연한 동경이었다. 지금 생각해보면 엄청난 인생의 변화였다.

미국 유학길에 오른 1975년, 한국에서 미국이라는 나라에 처음 도착하면서 내려다본 거대한 로스앤젤레스가 나를 주눅 들게 했고 잠시 멍하게 만들었다. 그리고 나에게 비장한 결심까지 하게 만드는 계기가 되었다. '미국에 온 이상 미국에서 성공한 디자이너가 되어 나중에 한국에 디자인의 뿌리를 내릴 거야.'

그로부터 7년 뒤 실리콘밸리가 나를 불렀다. 일리노이대학교 산업디자인과 교수로 재직하던 나는 실리콘밸리 소식을 전하는 미국 미디어에 귀를 기울였다. 왠지 커다란 변화가 일어날 것 같은 생각에 호기심이 무르익었다. 미국의 미래를 만들어갈 반도체, 컴퓨터 등 신산업이 뜨고 있다는 소식이었다.

요즘은 실리콘밸리가 세계를 변화시킨다는 사실을 모르는 사람이 없지만, 30여 년 전 미국에서

이미 지금과 같은 변화가 시작되었다는 사실을 아는 사람은 그리 많지 않았다. 일리노이대학교 교수라는 신분은 특히 한국에서 나를 유학 보내신 부모님에게는 매우 소중했던 것 같다. 내가 교수직을 버리고 실리콘밸리로 떠난다고 말씀드렸을 때 부모님이 많이 아쉬워하셨다. 나를 교수로 임용해준 일리노이대학교 산업디자인과 지고르스키 교수님도 많이 섭섭해 하셨다.

미국 대학교수 생활은 비록 2년으로 기간은 짧았지만 벅찰 정도로 행복했다. 지금도 잊을 수 없는, 학생들과 함께한 경험은 내 삶에 커다란 기반으로 자리 잡았다. 하지만 실리콘밸리를 향한 꿈은 정들기 시작한 학생들과 대학 캠퍼스를 떠날 수밖에 없도록 이끌었다. 그래서 찾아온 실리콘밸리는 돌이켜보면 지금의 나를 만든 그라운드다. 34년 전 처음 이곳에 도착했을 때나 지금이나 호기심과 기대감이 계속해서 커지고 있다. 처음에는 어리둥절할 정도로 변화를 익혀야 했지만 지금은 정신을 집중해 변화를 만들고 있다.

실리콘밸리언들의 기업가정신

지금까지 '디자인'이라는 기능은 놀랍게 변하고 있다. 전에는 디자인이 새로운 상품을 만드는 데 도우미 역할을 했다면 지금은 사업의 성패를 좌우하는 비즈니스 모델의 핵심으로 발전하였다. 나는 디자인에는 '스몰 디자인Small Design'과 '빅 디자인Big Design'이 있다고 생각한다. 스몰 디자인이 "How to design"의 답을 제공한다면 빅 디자인은 "What to design"을 연구하는 일이다.

실리콘밸리를 만들어내고 움직이는 수많은 신생기업은 사업계획부터 '디자인' 프로세스로 시작한다. 새로운 상품이나 서비스가 탄생하는 목적이 '사용자를 위한 창조'이며 이것이 바로 '디자인의 기본 개념'이다. 그리고 실리콘밸리언들의 기업가정신이다.

실리콘밸리에서 성공하는 창업자들의 공통점은 첫째, 그들은 세상에 없는 솔루션을 찾으려 한다. 둘째, 그들은 그 답을 사용자 처지에서 찾는다는 것이다. 그들은 '디자이너 정신'으로 무장된 '엔트레프레노어'들이다. 무에서 유를 창조하고 유로 부富를 만들어 나눈다.

선마이크로시스템스를 창업한 앤디 벡톨샤임은 1995년 이후 여러 번 회사를 창업해 모두 성공을 거둔다. 2014년 공개한 아리스타네트웍스는 기업가치가 현재 약 50억 달러에 이른다.

나는 실리콘밸리에 정착하려고 당시 유명했던 디자인컨설팅 회사 GVO에서 2년간 디자인디렉터로 일했다. 그때 만난 클라이언트가 지금은 모두 실리콘밸리의 전설이 된 세 사람이 창업한 선마이크로시스템스사 Sun Microsystems, Inc.다.

스탠퍼드대학교 출신인 비노드 코슬라 Vinod Khosla, 스콧 맥닐리 Scott McNealy, 앤디 벡톨샤임 Andy Bechtolsheim이 당시 팔로알토에서 최고 명성을 날리던 GVO 사무실을 찾았을 때 그들의 모습이 너무나 특이해서 옷차림까지 생생히 기억한다. 청바지를 입고 맨발에 슬리퍼를 신었는데, 벡톨샤임은 긴 머리를 감지 않은 듯했다. GVO 사장은 이들의 모습만 보고 작은 클라이언트라고 판단했는지 신참 디렉터인 나에게 프로젝트 전체를 맡겼다.

그렇게 선마이크로시스템스의 '대박 상품'을 디자인하는 행운이 나에게 돌아왔다. 당시 내가 디자인한 선마이크로시스템스의 워크스테이션은 그 시대 표준으로 자리 잡았고, 선마이크로시스템스는 순식간에 세계적 기업으로 떠올랐다. 그리고 그때 만났던 세 사람은 지금 모두 실리콘밸리의 거울이 되었다.

벡톨샤임이 엘리베이터까지 쫓아와서 구글 창업 계획을 밝히고 투자를 요청한 스탠퍼드대학교 후배이자 구글 창업자인 래리 페이지Larry Page에게 즉석에서 써준 수표 한 장의 가치가 엄청나다는 이야기는 널리 알려져 있다. 코슬라는 벤처 캐피탈Venture Capital을 만들어 투자를 많이 하며 창업자들에게 지도를 아끼지 않는 실리콘밸리의 리더로 자리 잡았다. 맥닐리는 세 사람 가운데 가장 오래 선마이크로시스템스 CEO로 활약한 세계적 스타 CEO로 유명하다.

한국에 디자인의 뿌리를 내리자는 꿈

1983년, 유학을 떠난 지 거의 10년 만에 한국을 찾았다. 당시 한국에서 가장 열정적으로 사업을 일으켰던 대우그룹 김우중 회장을 만나기 위해서였다. 대우그룹이 자동차뿐 아니라 전자 분야에도 진출한다는 뉴스를 보고 대우그룹 비서실을 통해 김우중 회장과 면담 일정을 잡았다. 한국으로 가는 비행기 안에서 온갖 기대에 부풀어 한잠도 못 잤다.

대우그룹 회장실은 내 눈에 운동장처럼 넓었다. 일요일이었는데도 김 회장은 그룹사 전체 사장단 15명을 나와 처음 만나는 자리에 참석시켰다. 물론 대한전선을 인수해 새롭게 출범한 대우전자 김용원 사장도 있었다.

30대 중반도 채 안 된 나는 김우중 회장과 사장단 앞에서 '디자인' 이야기를 펼쳐나갔다. 대우그룹이 만드는 자동차, 전자, 선박 등 모든 상품은 디자인에서 시작되는데, 내가 미국 실리콘밸리에 디자인회사를 설립할 계획이니 디자인을 의뢰해달라는 내용으로 프레젠테이션을 했다. 발표가 끝나기 무섭게 김 회장이 실리콘밸리에 대우전자가 디자인회사를 만들어줄 테니 대표가 되어 운영하고 국내 대우전자 디자인센터를 맡아달라고 제안했다. 그리고 3년 안에 나에게 디자인회사 지분을 모두 주겠다고 했다.

미국으로 돌아오는 비행기에서 나는 고민이 깊었다. 방문한 목적의 반은 이룬 것 같은데 왠지 기분이 개운하지 않았다. 고민 끝에 존경하는 분의 제안을 받아들이자고 결론을 내렸다. 그러나 3년간은 내가 꿈꾸던 '이노디자인INNODESIGN'은 꺼내지 말자고 다짐했다.

미국으로 돌아오는 비행기 안에서 또 다른 브랜드를 찾았다. 샌프란시스코공항에 내리기 전에 'ID Focus'라는 브랜드와 간결하고 세련된 로고까지 이미 완성했다(이 브랜드와 로고는 대우전자에서 사용해온 것으로 알고 있다).

'INNODESIGN' 브랜드는 마음 깊이 보관한 채 실리콘밸리에 'ID Focus'를 설립했다. 그리고 미국과 한국을 오가며 정말 열정적으로 디자인했다. 나와 대우그룹의 관계도 중요했지만 이를 계기로 한국을 위한 일을 한다는 커다란 성취감을 느꼈다. 미국에 유학 올 때 결심했던 '한국에 디자인의 뿌리를 내리자'는 꿈을 이루고 있었기 때문이다.

열정적으로 디자인한 대우의 퍼스널컴퓨터는 미국의 리딩에지사Leading Edge에서 100만 대 판매를 돌파하며 당시 한국 최초로 컴퓨터 100만 대 수출이라는 진기록을 세우기도 했다. 그러나 3년 후 약속은 지켜지지 않았고 나는 'INNODESIGN' 카드를 다시 꺼내들었다.

Digital과 Design이 만나면 Dream(꿈)이 이루어진다

1986년 3월 28일, 실리콘밸리의 산타클라라라는 도시에 작은 사무실을 얻었다. 이렇게 해서 'INNODESIGN'은 내가 유학길에 오른 지 10년 만에 어렵사리 설립되었다. INNODESIGN이라는 회사 이름을 만든 지는 5년 만이었다. 내 꿈의 회사 INNODESIGN 로고는 5년 이상 내 지갑 속에서 기다려야 했다. 그동안 나는 로고가 담긴 메모지를 한 번도 꺼내보지 않았다. 혹시라도 날아가 버릴까 봐.

INNODESIGN이라는 회사명과 브랜드가 탄생한 순간은 잊을 수 없다. 시카고의 디자인회사에서 일하던 어느 날 오후, 내 회사를 갖고 싶다는 생각에 빠져 회사 이름을 무엇으로 할지 상상하기 시작했다. 그때 문득 떠오른 단어가 'innovation'이었고 바로 'INNODESIGN'이라는 회사명이 떠

이노디자인 로고 스케치

올랐다. 놓칠세라 바로 로고를 디자인했고, 네모·세모·동그라미로 INNO를 형상화한 지금의 로고가 탄생했다. 5분간 일어난 이 일과 얻어낸 브랜드와 로고를 보면 갈망하는 나에게 '하느님'이 주신 선물이었다고 믿을 수밖에 없다.

이렇게 귀하게 탄생한 나의 브랜드 '이노디자인'과 유사한 브랜드가 한국에 와보니 너무나 많아서 믿을 수 없을 지경이었다. 특허청에 알아보니 '이노○○○' 브랜드가 3,000개가 넘었다. 2000년 1월 MBC 텔레비전에서 나의 '성공시대'를 방영한 날 등록된 '이노' 유사상표가 650개를 넘는다고 했다. 한국에서는 사업자등록을 하지 않아도 상표등록을 허용한다는 사실도 놀랍지만 남의 아이디어를 개념 없이 가져다 쓴다는 생각이 더 염려스러웠다. 몇몇 공공기관과 대기업들의 계열사 중에도 'INNO…'라는 브랜드가 있다니 그들의 지적 수준이 의심스럽다.

이제 INNODESIGN이 창업한 지 30년이 된다. 돌아보면, 30년이라는 세월은 이노와 내가 함께 살아온 시간이다.

2016년 첫 번째 행사는 라스베이거스에서 열린 국제전자제품박람회CES였다. 지난 25년간 거의 빼놓지 않고 참관한 CES의 의미가 올해는 왜 그렇게 크게 느껴졌을까? 30년 전 INNODESIGN을 창업했을 때와 올해 CES에서 느낀 'Design'의 역할이 너무나 크게 변했기 때문이다. 30년 전

호기심과 기대감으로 찾아와 디자인회사를 설립한 실리콘밸리와 지금의 실리콘밸리가 다르기 때문이다.

이제는 10년 전 내가 책에서 소개한 김영세의 수학공식 'D+D=D'가 현실이 되었다. Digital과 Design이 만나면 Dream(꿈)이 이루어진다는 것이다. 디자이너로서 나는 항상 '상상'에서 답을 찾곤 했다. 상상할 수 있는 일은 모두 이루어진다는 믿음이 나의 디자인 발상지라고 해도 지나친 말이 아니다.

그런데 디지털기술의 발전은 우리 상상력을 더욱 빨리, 더욱 쉽게 현실로 만들어준다. 실리콘밸리의 창업자들 중에는 실제로 디자인스쿨 졸업생도 많다. 세계적으로 이슈가 되고 있는 에어비앤비Airbnb의 공동설립자인 브라이언 체스키Brian Chesky와 조 게비아Joe Gebbia가 미국 로드 아일랜드 스쿨 오브 디자인 졸업생이다. 이들은 여행자를 위한 호텔을 디자인하는 대신, 세상에 비어 있는 집들을 찾아 사용할 수 있는 플랫폼을 디자인했다.

그 결과 지난해까지 세계 호텔업계 1위를 유지했던 인터컨티넨탈호텔 그룹을 제치고 호텔업계 시가총액 세계 1위를 차지했다. 중요한 사실은 이들에게 부동산이 하나도 없다는 것이다. Airbnb는 부동산 투자도 없이 어떻게 호텔업계 세계 1위가 되었을까? 바로 발상의 차이로 가능했다. 여행지에서 숙소가 필요한 여행자 처지에서 답을 찾으려고 한 것이다. 그리고 디지털기술이 만들어낸 '줄긋기Connect the unconnected'를 실천한 것이다.

디지털기술 이전에는 상상할 수 없었던 일들이 벌어지고 있다. 그런데 이런 일들은 왜 실리콘밸리에서 시작될까? 30여 년 전 실리콘밸리에 도착했을 때 느꼈던 묘한 느낌을 잊을 수 없다. 햇볕이 강한 도시, 거의 1년 내내 여름처럼 밝고 가벼운 느낌을 주는 사람들 옷차림, 회사에서 자유스럽고 여유로운 사람들 표정. 유학하는 동안 생활한 시카고와 일리노이대학교가 있는 어바나 샴페인 등 이른바 미국 미드웨스트 지역 문화와는 다른 무엇을 느꼈다.

실리콘밸리는 샌프란시스코 남단의 지역을 말하는데, 샌프란시스코라는 세계적 관광도시와 팔로 알토에 있는 스탠퍼드대학교가 이미 미국의 전 지역과 세계 각국의 인재들을 끌어모으기에 충분한 매력을 지니고 있다.

쿠퍼티노에 있는 세계 1위 기업 애플

마운틴 뷰에 있는 세계 2위 기업 구글

내가 살고 있는 로스알토스(이노디자인 사옥이 있는 팔로알토에서 남쪽으로 15분 거리)에서는 1시간 남짓한 거리에 세계적 골프코스 페불비치와 와인생산지 나파밸리가 있고, 유명한 스키장 레이크타호도 3시간 안에 갈 수 있다.

실리콘밸리로 불리는 팔로알토, 멘로파크, 마운틴 뷰, 쿠퍼티노, 서니베일, 산타클라라, 산호세 등에는 세계 시가총액 1위와 2위 기업인 애플, 구글 그리고 세계 10대 회사 중 하나인 페이스북이 있다. 그 밖에 인텔, HP(휴렛패커드), 시스코 등 전통적 거대회사들뿐 아니라 구글이 투자한 스타트업 수백 개와 페이스북이 인수한 인스타그램, 트위터, Airbnb, 우버, 유튜브, 아마존, 야후 등 인터넷기반 SNS 기업은 물론 전기자동차의 리더인 테슬라 등 세계 최고 기업이 있다. 최근 부상하는 스마트디바이스 기기들을 만드는 새로운 기업들은 이루 기록할 수 없으며 리스트가 매일 추가되고 있다.

한편 팔로알토의 샌즈힐로드라는 거리는 벤처캐피털 같은 투자자들로 가득 차 있으며 미국 전체 투자액의 3분의 1 이상이 이곳에서 투자된다. 이렇게 많은 세계적 기업에서 일하는 인재들도 다양하다. 미국인은 물론이고 인도, 중국, 이스라엘 등 기술기반 선진국들의 인재들이 모여 있다. 이들은 대부분 유학이나 이민을 거쳐 미국에 정착한 1세나 그들의 자녀들인 2세다. 이 정도만 설명해도 실리콘밸리가 왜 세상의 변화를 이끌고 있는지 짐작할 수 있다.

그런데 이렇게 많은 인재를 끌어모을 수 있는 힘은 세상을 앞서가고 미래를 꿈꾸던 그리고 지금도 꿈을 그리고 있는 리더들과 차세대를 이어가려는 꿈을 갖고 몰려오는 미래형 리더들의 관계에서 나온다. 실리콘밸리의 성공 모델을 미국 정부나 지자체들이 만들어가는 것이 아니라 성공한 기업인들이 스스로 만들어간다는 것은 한국 정부가 배워야 할 가장 중요한 사실이다.

진실한 엔트레프레노어의 모범 스티브 잡스

이노디자인 팔로알토 사옥이 있는 실리콘밸리와 이노디자인 한국사무실이 있는 판교 테크노밸리를 한 달에 한 번씩 왕래하면서 디자이너로 활동하는 내가 가장 부러워하는 실리콘밸리의 모습은 성공한 기업가들이 차세대 인재를 끌어주는 기업문화가 살아 있다는 것이다.

몇 년 전 인스타그램이라는 실리콘밸리의 작은 회사가 페이스북에 인수되었다. 인수가격은 10억 달러였는데 그때 인스타그램 직원이 10명이었다. 대부분 20대였던 직원들은 한 사람당 평균 1억 달러(한화로 약 1,000억 원)를 받은 셈이다. 페이스북이 인수한 인스타그램은 그간 엄청나게 성장했으며 지금은 시가총액이 수십조 원에 달한다.

10여 년 전 나는 한 콘퍼런스에서 10년 후에는 직원이 10명뿐인 회사가 10억 달러 가치를 만들 것이라고 예언했는데, 이에 정확히 들어맞은 회사가 바로 인스타그램이다. 최근에는 실리콘밸리의 스마트기기 업체인 네스트Nest를 구글이 한화 4조 원에 인수했다.

네스트는 실리콘밸리에서 유명한 산업디자이너인 토니 파델Tony Fadell이 설립한 회사다. 네스트는 인터넷이 연결되는 스마트 온도조절계를 출시했는데, 디자인이 뛰어난 이 제품은 소비자들의 사랑을 받으며 메가히트 상품이 되었다. 구글이 인수한 네스트는 IoT(사물인터넷)시대에 생활패턴을 디지털기술로 전환하는 스마트디바이스를 생산하는 기능을 구글에 지원하게 된다.

스마트폰을 탄생시키고 세계 최강의 자리에 오른 애플Apple은 몇 년 전 닥터 드레Dr.Dre의 인기를

이노디자인 판교 사옥의 이노게이트

업고 헤드폰업계에 나타나 순식간에 세계적 브랜드로 자리 잡은 비츠Beats를 30억 달러에 인수했다. 애플이 아이폰 사용자들에게 널리 알려진 주변기기 브랜드인 비츠를 인수한 것만으로도 앞으로 아이폰과 비츠 헤드폰의 관계가 어떻게 이어질지 관심을 끌기에 충분하다.

지금 이 시간에도 실리콘밸리에서는 기업 간 합종연횡이 정신없이 일어나고 있다. 창업자들은 새로운 기술과 디자인을 접목해 신상품이나 서비스 모델을 개발한다. 이들의 출발점은 소비자다. 사용자 처지가 되어 디지털기술을 어떻게 접목하고 생활에 끌어넣을지 연구하다 보면 사업모델을 구상할 수 있다.

이들은 가능성만 가지고 모든 역량을 쏟아 붓는다. 안정된 직장도 박차고 나온다. 교수직도 던진다. 미친 듯이 빠져들 때만 생기는 열정으로 사업계획서를 만들어내고 인베스터를 찾는다. 때에 따라서는 액셀러레이터Accellerator에게 지원을 요청한다. 그리고 이들을 지켜보며 자신이 만든 기업과 시너지가 있는 신생기업들을 찾아내고 투자와 지원을 아끼지 않는 리더들과 만남을 기대한다.

중국 베이징 마담 투소 밀랍인형관에 전시된 스티브 잡스 밀랍인형

실리콘밸리 쿠퍼티노에 세워지는 우주선 원형 모형을 띤 애플 신사옥(Apple Campus 2)의 조감도

이런 실리콘밸리의 개방되고 밀접한 기업문화의 원천은 무엇일까? 실리콘밸리 산업계의 특성을 만들어낸 인물로는 생전의 업적으로 가장 많은 관심을 받아온 애플 창업자 스티브 잡스의 역할을 꼽을 수 있다. 그는 신세대 창업자들의 우상이다. 젊은이들의 꿈이자 그들 인생의 목표다. 막연하지만 '나도 잡스처럼 성공할 거야' 라는 꿈을 가진 젊은이들이 이 세상에 수없이 많다. 그의 성공 스토리와 실패 스토리 그리고 애플을 세계 최고 회사로 만들어놓은 실적을 모르는 사람이 없다.

스티브 잡스가 세운 업적 가운데 내 눈에 특별하게 보인 이야기를 소개한다. 2011년 세상을 떠나기 불과 석 달 전, 잡스는 쿠퍼티노 시의회를 찾았다. 자신이 꿈에 그리던 애플의 쿠퍼티노 신사옥 설계도를 들고 시의원들 앞에서 건축허가를 받기 위한 프레젠테이션을 직접 하기 위해서였다. 몇 년 전 영국의 건축가 노먼 포스터 Norman Foster는 잡스에게 마치 우주선과 같은 원형으로 된 거

2011년 6월 쿠퍼티노 시의회장에 출석해 애플의 신사옥에 대해 설명하고 있는 스티브 잡스의 방송 화면. 병세가 완연해 초췌한 모습이다.

대한 애플 신사옥을 제안하였다. 평소 잡스의 경영 지론은 '원형의 회사'를 이루는 것이었다.

일반적으로 기업의 조직도는 삼각형이다. 제일 위에 최고경영인이 있고 그 아래 부서별 사장과 부사장, 임원들 그리고 그 아래 매니저들, 직원들이 계단식 조직으로 구성된다. 잡스는 이런 기업 조직을 싫어했다. 자신이 원의 센터에 있고 나머지 직원은 중요성에 따라 나이테와 같이 그 주위를 채운다. 애플 조직도는 원형이다(내가 10여 년 전 《한국경제신문》에 기고했던 글 가운데 원형기업에 대한 생각이 잡스의 생각과 일치한다). 이러한 잡스의 원형회사를 향한 꿈을 이해한 포스터는 아예 애플 신사옥을 원형으로 설계했다.

늘 입는 청바지와 블랙 터틀넥 차림으로 쿠퍼티노 시의회장에 들어선 잡스는 매우 초췌해 보였고 안쓰러울 지경이었다. 그러나 발표를 진행하면서 잡스의 눈동자는 빛을 내기 시작했다. 처음에는 딱딱한 자세로 그를 맞이했던 시의원들도 점점 잡스에게 빠져 들어가는 듯했다. 한 시의원이 잡스에게 "우리 시가 왜 당신 요청을 들어줘야 하는가?"라고 묻자 잡스는 "쿠퍼티노가 허락하지 않으면 애플은 다른 도시에 신사옥을 지을 것이고, 애플이 다른 도시로 이전하게 되면 세금도 그 도시에 내게 될 것이다"라고 여유 있게 답변해 참석자들의 박수를 받기도 했다.

잡스는 애플이 휴렛패커드HP가 소유한 24헥타르를 매입해서 사옥부지가 넓어진 이유를 밝혔다. 잡스가 고등학교에 다닐 때 컴퓨터를 만들면서 필요한 부품을 구하려고 HP 설립자 데이비드 패커드David Packard에게 직접 전화해서 도움을 받았고 그해 섬머인턴까지 할 수 있게 해준 패커드 씨에게 보답하기 위해 재정적으로 어려웠던 HP 땅을 인수하게 되었다는 것이다.

그는 "앞으로 5년이 걸리는 대형 공사라서 저는 사용할 수 없지만 사랑하는 저의 직원들을 위해 만드는 사옥이니 허가를 부탁한다"라는 말로 마무리했고, 시의원들은 모두 기립박수로 답했다.

잡스에게는 천재적인 안목도 있었지만 디자이너를 중시하고 배려하는 믿음이 확고했기에 오늘날의 애플이 존재할 수 있었다.

나는 이 장면을 보면서 눈시울을 적셨다. 몇 달 후 세상을 떠날 사람이 어떤 힘으로 자신이 설립한 회사 직원들이 사용할 사옥의 건축 허가를 받으려고 직접 시의회에 출석할 생각을 할 수 있는가? 이것이 사랑이 아니면 무엇인가?

이런 잡스의 에피소드는 많이 알려지지 않았다. 내가 본 잡스는 특별하다. 미국이 선정한 역대 영웅 20인이 된 것도 놀라운 일이 아니다. 그는 아주 진실한 엔트레프레노어의 한 사람이다. 본능적으로 창조했고, 세상의 변화를 만들었고, 수많은 사람에게 기쁨과 행복을 나누어주었다. 그가 생전에 남긴 말들의 가치는 상상을 초월한다. 스탠퍼드대학교 졸업식 축사에서 남긴 'Stay hungry, Stay foolish'는 영원히 전파될 것이다. 잡스가 디자인계에 남긴 유명한 말인 "디자인은 디자이너에게 맡기고 기술자는 디자이너가 디자인한 대로 만들기만 하면 된다(Let Designer design, then make Engineer build the Design)!"도 시사하는 바가 매우 크다.

세계는 매우 빠르게 변하고 있다

이노디자인 설립 이후 수많은 기업 디자인 컨설팅 과제를 수행하면서 느낀 것은, 클라이언트에게서 의뢰받는 프로젝트의 한계는 그들의 생각 범위 속에서 디자인해야 한다는 아쉬움이었고 디자인은 디자이너가 발상을 시작해야 한다는 이론이었다.

그 후 이노디자인은 'Design First' 이론을 가장 앞서서 실천하는 회사로 평가받았고, 같은 이유로 2009년에는 일본 경제지 〈니케이〉가 선정하는 세계 10대 디자인회사로 선정되기도 했다.

실리콘밸리에서 성공한 기업들의 뒤에는 반드시 영웅과 같은 대단한 인물들이 있다. 이런 인물들은 대를 이어가며 새롭게 계속 탄생한다. 이 또한 실리콘밸리 특유의 문화다. 성공하는 창업자들이나 위대한 CEO들이 끊임없이 탄생하는 비결은 'Individuality(개인역량주의)'가 정착한 덕분이다.

이노디자인 판교 사옥 벽면에는 세계지도와 함께 일본 〈닛케이BP〉가 선정한 2009년 세계 10대 디자인회사의 명칭이 새겨져 있다.

한 사람이 엄청난 역할을 할 수 있다는 믿음이 조직에서 나온다. 특별한 사람은 우리 모두에게 보배 같은 사람이라는 생각을 일반인이 한다. 존경받는 리더들은 사회적 책임을 느낀다. 조직과 후세를 위해 재능을 나눈다. 진정한 기업가정신의 핵심이 여기에 있다. 무에서 유를 창조하고 유에서 부를 만들어 사람들에게 나누는 것이 진정한 기업가들이 해야 할 일이다.

한국에도 최근 변화가 일어나고 있다. 창업이 붐을 이루고 창조해야 살아남는다는 이야기가 나온다. '창조경제'라는 말도 정부 정책으로 발표되었다. 그런데 창조 없는 경제가 언제 있었나 싶다. 경제가 창조에서 시작되는 게 당연하다면 좀 더 효율적으로 창업하고 많은 신생기업의 경쟁력을 키워 대기업 위주인 경제의 틀을 다양한 신산업과 중소·중견기업도 세계화되는 균형 있는 경제구조로 바꾸기를 갈망하는 것은 정부뿐이 아니다. 모든 국민이 갈망하는 일이다.

한편 한국적 경제구조가 세계의 변화를 따라가지 못한다면 국가 경제 경쟁력에 문제가 생기고 국민의 생활은 어려워질 것이다. 세계는 매우 빠른 속도로 바뀌고 있다. 세계 10대 기업 순위도 새로운 산업의 경쟁자들이 대거 진입하는 구도로 바뀌었다. 미국에서도 500대 기업의 순위가 바뀌고, 탈락하는 기업과 새로이 등장하는 기업들의 수가 지속적으로 늘어가는 추세다. 왜 그럴까? 이유는 간단하다. 디지털기술이 지난 100년간 미국을 세계 최강국으로 만들며 성공한 기업들보다 더 새로운 방식을 개발하는 새로운 기업들에 경쟁력을 불어넣기 때문이다.

세상은 바뀌고 있고 생활 또한 바뀌고 있다. 세상 사람들의 생활을 더욱 편리하고 행복하게 해줄 솔루션이 모두 디지털화하고 있다. 디지털 트랜스포메이션에 실패하는 기업들은 서서히 사라질 것이다. 이런 빠른 변화 속도에 적응하지 못하는 기업들은 도태된다. 변화 속도를 따라잡지 못한다면 최대 기업인들 살아남는다는 보장이 없다. 미국은 실리콘밸리를 중심으로 세계에서 가장 빠른 변화를 추진하고 있다.

그렇다면 실리콘밸리의 경쟁력은 무엇일까? 많은 사람이 궁금해한다. 20~30대 귀재들이 모이는 곳, 세상에서 백만장자와 억만장자를 가장 많이 배출하는 곳, 새로운 회사들이 우후죽순처럼 생겨나는 곳, 세상 사람들이 열광하는 신제품이나 새로운 서비스들이 쏟아져 나오는 곳.

이렇게 세상 사람들의 이목을 잡아끄는 도시가 예전에 존재했던가? 현장에서 실리콘밸리의 변화를 지켜보며 동참했던 나에게 가장 먼저 와닿은 것은 바로 '실리콘밸리의 사람들Siliconvallian'이다. 실리콘밸리 중심에 있는 팔로알토에 자리한 스탠퍼드대학교는 50년 넘게 걸출한 인재들을 배출해오고 있다. 그러나 더욱 파워풀한 것은 그들의 연결 관계다.

대학이 졸업생을 배출하는 역할만 하는 게 아니라 끊임없는 관계를 유지하는 가운데 그들이 창업을 통해 기업의 대를 이어간다. 그리고 스탠퍼드 출신뿐 아니라 세계적인 명문대학 출신들이 몰려든다. 같은 대학 출신이 아니라 해도 능력이 비슷한 이들끼리 만남과 관계가 끊임없이 이어진다. 이런 일들은 개개인의 능력을 존중하기에 가능한 일이다. 기업인들의 성패를 그 기업이 가지고 있는 인재들이 좌우한다는 믿음이 실리콘밸리를 유지하는 힘이다.

유럽의 도시들이 유명한 축구선수들을 경쟁적으로 영입하듯이 실리콘밸리의 기업들은 우수한 인재들을 스카우트하는 데 열을 올린다. 당연히 우수한 인재들의 몸값은 천정부지가 되고, 실리콘밸리에는 세계 최고 인재들이 최고 대우를 기대하며 모여든다. 그리고 우수한 인재를 비싼 대가를 치르며 영입한 기업들은 그들의 활약으로 최고 수입을 올린다. 이러한 선순환이 돌아가는 이상 열기는 가속을 할 뿐이다.

'잡스'처럼 기업을 만들어 '애플'처럼 성공하겠다는 꿈

실리콘밸리가 인재들을 특별 대우하는 것이 바로 기업문화다. 이는 앞서 얘기한 'Individuality(개인역량주의)'라고 할 수 있다. 한 사람, 한 사람의 역량을 소중히 생각하고 대우한 결과 기업들은 직원들의 '열정'을 이끌어낸다. 이런 기업문화를 체험하면서 내가 출간한 책의 제목이 바로 《퍼플피플》이다.

미국에서도 일반적으로 일꾼의 호칭을 블루컬러와 화이트컬러로 나눈다. 산업혁명 이후 세계적으로 생산직 근로자는 '블루컬러'로, 사무직 근로자는 '화이트컬러'로 부르고 있다. 몇 년 전 나는 문득 여기에 반론을 제기하게 되었다. 성공하는 실리콘밸리언들이 일하는 방식은 블루컬러도, 화

스티브 잡스가 애플을 세계 최고의 기업으로 이끈 이후 실리콘밸리에서는 잡스 키즈가 끊임없이 쏟아져 나오고 있다.

이트컬러도 아니었기 때문이다. 그들은 자신이 좋아서 미친 듯이 일에 열정을 쏟았다.

창업자들뿐 아니라 취업하는 이들도 자기 일에 열정을 쏟게 하는 기업들의 경영방식은 'Individuality'를 존중하는 문화가 만들어냈다. 스티브 잡스가 인터뷰 중 한 말이 있다.

"정말 좋아하지 않는다면 그 누구도 자신이 하는 일에 열정을 쏟을 수 없을 것이다. 만약 그런 사람이 있다면 그는 제정신이 아닐 것이다."

잡스의 리더십은 바로 이 지점에서 시작되었다. 자신이 몰입하지 않으면 이룰 수 없는 일들을 직원들이 열정 없이 이룰 수는 없다는 사실을 잘 알았기 때문에 직원들 수만 명이 하나의 미션을 향해 움직이게 하는 기업문화를 만들어냈다.

나는 이 광경을 보면서 잡스가 '신'의 경지에 이르렀음을 알 수 있었다. 이미 세상을 떠났지만, 잡스는 실리콘밸리에 기업문화를 남겼다. 그의 영향력은 애플을 넘어 실리콘밸리 전역에 남아 있다. 많은 창업자가 '잡스'처럼 기업을 만들어 '애플'처럼 성공하겠다는 꿈을 꿀 수 있기 때문이다. 잡스 키즈는 이미 애플을 넘은 구글을 만들어냈고, 페이스북, 테슬라, 우버 등 수많은 기업과 억만장자를 만들어냈다. 잡스와 같은 시대에 세상을 바꾼 기업을 만들어낸 빌 게이츠는 실리콘밸리언이라고 할 수는 없지만, 소프트웨어라는 산업을 만들어낸 창시자라고 할 수 있다.

양대 산맥을 만들어낸 스티브 잡스와 빌 게이츠를 디지털 레볼루션 1세대라고 한다면, 실리콘밸리의 세 거물인 구글의 래리 페이지, 페이스북의 마크 저커버그, 테슬라의 일란 머스크가 이들을 이어가고 있다.

이렇게 영웅급 인물들이 끊임없이 이어지는 것이 실리콘밸리의 경쟁력이다. 인재에 머무르지 않고 인맥을 이루는 힘, 여기에 실리콘밸리만의 경쟁력이 있다. 이런 경쟁력의 바탕에는 개인을 존중하고 위대하게 만들어내며, 그들을 따르면서 함께 성공을 즐길 수 있는 이 지역만의 특별한 문화가 있다.

실리콘밸리에서 기업가정신의 원천은 '나눔'

어떤 분야든 대단한 성공을 거두었다면 그 뒤에는 걸출한 인물이 있고 그를 따르는 다음 세대가 있다. 미국에서는 한국의 여자 골프가 미국여자프로골프LPGA를 석권하는 것을 보면서 도무지 이해가 안 된다고 했다. 나는 그들에게 한국에는 '박세리'라는 대단한 '리더'가 있다고 말했다. 거의 20년 전 박세리가 LPGA에서 처음 우승했을 때 한국인에게 그 소식은 기적에 가까웠다.

그 뒤 한국의 엄마들이 딸들 손을 잡고 골프 연습장으로 달려가면서 골프장이 장사진을 이뤘다. 박세리 워너비들이 탄생한 것이다. 그리고 그 '문화(?)'는 박세리 시대에는 태어나지도 않았던 선수들이 LPGA 우승을 거머쥐는 지금까지 이어지고 있다.

실리콘밸리에 인맥이 형성되고 확장되는 비결도 여기에 있다. 위대한 한 사람이 이뤄내고 열정이 식지 않는 '따라쟁이wannabe'들이 그 사람을 따라간다. 어떤 교육 효과보다 파워풀한 것은, 각 분야에 시대가 요구하는 걸출한 인물이 탄생하면 다음 세대가 그를 존경하고 따르도록 만드는 'Individuality(개인역량주의)'가 정착된다는 것이다. 실리콘밸리에서 배울 것은 바로 그들이 만들어낸 특유의 인맥 중심 기업문화다.

실리콘밸리는 기업가정신이 가장 멋지게 실천되는 곳이라고 해도 지나친 말이 아니다. 나는 기업

구글의 창업자 래리 페이지는 대중과 언론에 모습을 잘 드러내지 않는다. 경영은 전문가에게 맡겨놓고 새로운 구상에 전념하고 있다.

가정신의 원천은 '나눔'이라고 생각한다. 자신의 모든 것(재산, 재능, 시간, 에너지 등)을 투자해서 무에서 유를 창조하고 유에서 부를 만들어 세상과 나눈다는 생각이 기업가정신이다. 실리콘밸리에서 이어지는 인맥은 이러한 기업가정신을 실천한다.

창업을 해서 성공한 기업인들은 또 다른 창업을 준비하는 차세대를 발굴하고 지도하면서 투자도 아끼지 않는다. 세계 정상에 오른 구글의 창업자 래리 페이지는 요즘도 구글의 CEO 역할은 전문경영인에게 맡겨놓은 채 새로운 구상에 전념한다. 콘퍼런스나 강연장에 일반인들과 다름없는 모습으로 나타나서 함께 배운다. 틈나는 대로 모교인 스탠퍼드대학교나 다른 대학에 가서 강연한다. 그리고 구글은 해마다 80개 이상 기업을 인수·합병한다. 구글은 수평적으로 끊임없이 팽창한다. 산업시대의 성공모델이라고 할 수 있는 수직형 기업을 따르지 않고 수평적으로 기업의 역량을 확장하는 것이다.

그 밖에도 성공한 기업들은 성공을 유지하기 위해 다른 기업들과 협업하거나 신생기업에 투자하거나 그들을 합병하면서 지속적·유기적으로 성장한다. 이 과정에서 실리콘밸리의 인맥이 자연스럽게 확장된다.

나눌수록 더 많이 얻는다!

이제는 세상이 한 번 더 크게 바뀌는 시대가 왔다. 수십 년간 인터넷이 발달하고 디지털기술이 진화하면서 과거 산업시대 승자들의 자리가 점진적으로 교체되는 시대가 되었다. 이렇게 빠르고 큰 변화의 시기에는 새로운 인재 등용의 문이 활짝 열린다. 디지털시대에 태어난 젊은 세대가 자신들이 맞이할 미래를 더욱 명확히 예측할 수도 있다.

젊은 세대의 또 다른 무기는 새로움에 대한 갈망이다. 호기심은 도전의식으로 연결되며 도전으로 피할 수 없는 실패는 또 다른 아이디어와 도전의 기회를 제공한다. 이 세상에 '안전빵'이란 없다. 그냥 '빵(0)'이 있을 뿐이다. 변화에 빠르게 적응할 수 있는 인재와 기업이 그렇지 않은 인재와 기업의 자리를 차지할 것이다.

우리나라 기업들이 이렇게 빠른 변화에 적응할 수 있을지가 매우 중요한 관심사다. 여기에는 몇 가지 딜레마가 있다.

첫째, 한국은 6·25전쟁 이후 잿더미에서 다시 출발해 세상을 놀라게 한 '산업시대적 성공 비즈니스 모델'로 현재 경제력을 만들어낸 나라다. 삼성그룹의 이병철 설립자, 현대그룹의 정주영 설립자, LG그룹의 구인회 설립자 등 당시 창업자들은 한국을 살려낸 영웅이다. 그들 없이 지금의 경제발전이 있을 수 없다는 의견에 반대하는 사람은 없을 것이다.

그러나 그들의 창업시대를 70년이나 뛰어넘은 지금 세상은 온통 바뀌었다. 미국의 경우 포드 창업자 헨리 포드는 100여 년 전 자동차 연간 생산 100만 대를 달성하며 대량생산 전성기를 만들어냈다. 그러나 100년이 지난 지금 포드자동차회사는 물론이거니와 가스로 움직이는 '자동차

디지털기술이 진화하면서 세상은 빠르게 변화하고 있다. 손끝 하나로 세상의 커다란 변화가 이루어지는 시대가 되었다.

Automobile'의 존재 여부가 미지수다. 이렇게 크게 바뀐 세상은 산업시대적인 한국 경제의 성공모델이 '커다란 변화' 없이는 유지될 수 없음을 예고한다.

둘째, 지금의 경제력을 만들어낸 세대들의 체험과 지식, 그리고 더욱 심각하게는 '경제 개념'이 디지털로 변화하는 미래형 시장에 맞는지 의문이다. 미국의 한 경제학자는 1980년을 디지털시대의 중요한 터닝 포인트라고 말했다. 1980년 이전 출생자를 'Digital Immigrants(디지털 이민자)'로, 그 이후 출생자를 'Digital Natives(디지털 원주민)'로 표현했다.

지금 한국 기업들을 움직이는 경영자는 대부분 '디지털'이라는 문화가 낯설 수밖에 없는 세대에 속한다. 실리콘밸리를 움직이는 젊은 세대와 디지털이라는 언어(?)로 대화하기가 쉽지 않을 것이다. 앞서 말한 실리콘밸리를 이끌어가는 세 사람(구글의 래리 페이지, 페이스북의 마크 저커버그, 테슬러의 일란

머스크)의 나이를 모두 합쳐봐야 100세 남짓한 상황과는 매우 차이가 크다.

이와 같은 두 가지 딜레마를 어떻게 벗어날 것인가? 빠른 세대교체와 그를 위한 인재 양성, 인재 발굴, 그리고 새로운 산업을 향한 투자 마인드, 기업 간의 진실된 협업 등 수많은 숙제가 남아 있다. 그러나 무엇보다 시급한 것은 기업문화, 그리고 올바른 '기업가정신Entrepreneurship'의 정착이다. 상술보다는 양심이 우선되는 기업문화를 만들고 부만 축적하기 위해 존재하는 기업이 없어져야 한다. 창조할 수 있는 사람들이 만든 기업 생산품은 사용자를 위한 것이고 대가로 받는 부는 또 다른 창조를 위한 것이며, 이렇게 지속되는 나눔이 경제의 엔진이라는 깨달음이 필요하다.

'나눌수록 더 많이 얻는다!'는 공유경제Sharing Economy를 믿는가? 공유경제의 모체인 '공유주의Sharism'는 미국의 초등학교에서 시작된 디지털시대의 새로운 현상이라는 이론이 있다. 초등학교 학생들이 친구들에게 SNSSocial Network Service를 통해 정보를 많이 나눌수록 더 많은 정보를 얻게 되면서 경쟁에 불이 붙었다는 이론이다.

실리콘밸리의 작품이라 할 페이스북도 저커버그가 하버드대학교 시절 캠퍼스에서 시도한 SNS 플랫폼으로 시작되었다는 이야기는 유명한 전설이다. 이제는 전 세계 15억 명에 달하는 사용자를 확보했으니 페이스북이 나눌수록 페이스북으로 돌아오는 결과물이 끊임없이 확장되는 상황을 연출한다. 소셜 네트워크 서비스 산업을 통해 널리 확산되고 있는 공유경제 개념은 앞으로 사람들의 생활방식에 깊이 자리 잡을 것이다.

IoT시대에는 누가 성공을 불러올까?

최근 뜨거운 이슈로 떠오른 IoT(사물인터넷) 사업이 일상생활에 미칠 영향력은 실리콘밸리 시대를 연 반도체기술에 미친 효과의 수십 배에 달하는 거대한 것이다. 문자 그대로 사물인터넷은 만물을 재탄생시킬 것이다. 미국 시스코에서 발표한 자료에 따르면 10년 이내에 IoT의 경제효과는 연 생산 19조 달러(한화 약 2경)에 달할 것이라고 한다.

무역 1조 달러 기념 조형물(삼성동)

IoT의 원천 기술은 센서Sensor다. 만물이 센서를 통해 감지하고 인터넷으로 연결될 것이다. 사용자들은 주위 사물들과 직접 연결되고, 사물은 또 다른 사물들과 연계되어 기능을 함께한다. 세상이 이렇게 바뀐다면 우리가 사용하는 사물이 모두 바뀌어야 한다. 세상은 바뀌었는데 아날로그 시대에 익숙하게 사용하던 사물만 고집하는 사람들의 생활은 불편하기 짝이 없기 때문이다. 이런 시대적 변화는 제조산업의 부활뿐 아니라 만물의 재창조를 의미한다.

우리나라는 제조산업의 힘으로 2011년 무역 1조 달러 시대를 열었다. 나는 정부로부터 이날(2011년 12월 5일)을 기념하는 조형물의 디자인 의뢰를 받았다. 삼성동 무역회관 앞에는 내가 디자인한 약 30미터의 거대한 LED 조형물이 설치되었다. 이 디자인은 '1'자와 원 12개로 만들어졌다. 1조라는 숫자를 만든 12개 원을 그동안 경제 기적을 이루어낸 한국 국민의 땀으로 표현하였다.

그래서 동그라미들은 태극기를 상징하는 음양의 패턴으로 이루어졌다. 석 달 정도 유지됐던 LED 조형물 외에도 영구적인 의미를 남기기 위해 좀 작은 조각품도 하나 코엑스 길가에 설치했는데, 한국을 방문할 때마다 기회가 되면 찾아가본다. 그러나 삼성동을 화려하게 장식하며 건국 이래 최초로 무역 1조 달러 달성을 축하한 축제는 이제 비장한 각오로 또 다른 시작을 준비하는 서막으로 바뀌어야 한다. 한국이 자랑스러워하는 산업시대의 막이 내리고 있기 때문이다.

'감성시대(디자인시대)'가 열린다

나는 앞에서 IoT시대를 예측하며 우리 생활방식이 얼마나 바뀔지 얘기했다. 그리고 만물이 재탄생하는 시대가 올 것이라는 예측도 했다. 수백 년 전 농경시대 종말을 예고하고 찾아온 산업시대는 네 차례에 걸친 산업혁명으로 우리 생활을 진화시켜왔다. 그리고 일반적으로는 우리가 지금 4차 산업혁명을 맞이했다고 말한다.

하지만 나는 산업시대의 종말이 왔고 새로운 '감성시대'가 왔다고 생각한다. 물론 세계적 경제학자가 아닌 내 이론을 세상이 어떻게 받아들일지는 알 수 없다. 그러나 우리가 지금 맞이하는 변화는 산업혁명의 지속이라고 보기엔 너무나 거대하다. 생산자가 세상을 움직이던 산업시대에서 소비자 감성이 세상을 움직이는 감성시대로 변할 것이라고 예측하기 때문이다.

이러한 나만의 발상은 직업의식에서 출발했는지도 모르겠다. 40년 전 시작된 디자이너 커리어는 산업시대 프로젝트에서 디지털시대 프로젝트로 이어지고 있다. 이 과정에서 나는 사용자가 중요하다는 점을 점차 느껴왔다. 이제는 사용자의 감성만족이 디자인의 시작점이다. 앞서 말했듯이 그동안 디자인의 정의도 바뀌게 되었다. 빅 디자인과 스몰 디자인이 존재한다고 생각하기 시작했다.

산업혁명 이후 산업디자인이라는 전문 분야는 100여 년 전 독일의 바우하우스Bauhaus를 중심으로 진화했다. 바우하우스 창시자 월터 그로피우스Walter Gropius는 "Form follows function(형태는 기능을 따른다."이라는 명언을 만들어냈다. 그러나 당시 디자인은 '기계부품을 포장하는 Enclosure Design'에 지나지 않는 미흡한 것이었다. 산업시대에 공장에서 만들고 싶었던 상품들을 대량으로 찍어냈고 마케팅이라는 마술로 소비자들에게 팔아버린 시대이기도 했다. 이런 과정에 디자인이라는 단어가 지닌 의미는 매우 제한적이었다.

돌이켜보면, 그 정도 '디자인'에 대한 생각으로 앞으로 벌어질 세상의 변화를 따라잡을 수 있을지 의문이다. 디자인은 이제 더는 기술을 포장하는 제한적인 일이 아니다. 지금까지 디자인의 역할을 보면서 나는 빅 디자인과 스몰 디자인의 차이점을 깨달았다.

빅 디자인은 "세상 사람들을 위해서 무엇을 만들까?" 하는 질문으로 시작되는 커다란 의미이고, 스몰 디자인은 "있는 상품을 어떻게 아름답게 만들 것인가"를 고민하는 일이다. 산업시대에는 '조연'이었던 디자이너들이 이제는 '주연'으로 나서서 세상을 바꾸어나갈 것이다.

디자이너들이 사용자 편에서 그들의 감성을 만족시켜줄 솔루션을 찾는 일을 빅 디자인이라고 생각하며 이렇게 바뀌는 시대를 '감성시대'라고 말하고 싶다.

산업시대 이후 다가오는 감성시대에는 어떤 인재들이 세상을 바꾸어나갈 것인가? 이 커다란 질문에 나는 매우 명쾌한 대답을 가지고 있다. 바로 '퍼플피플'이다. 자신이 좋아서 하는 일에 열정을 쏟고 열정의 결과로 남에게 기쁨을 주는 사람들. 생산보다는 상상의 힘으로 미래를 창조하는 사람들. 자신의 재능을 투자해서 '부'를 창조하고 가치를 나누는 사람들.

이런 사람들은 과거 교육의 잣대와 사회의 기준으로는 만들어지지 않는다. 새롭게 태어나게 될 것이다. 밀레니엄 세대와 Z 제너레이션 그리고 그 피를 이어갈 알파Alpha 제너레이션으로 이어지면서 '퍼플피플'의 영향력은 가속화되어갈 것이다.

이런 시대를 열어가는 초기라고 볼 수 있는 지금, '퍼플피플'을 이해하고 '퍼플피플'로 변화하기를 꿈꾸는 세대가 세상을 바꾸어나가는 주역이다. '퍼플피플'은 블루컬러(생산직 근로자)도 아니고 화이트컬러(사무직 근로자)도 아닌 퍼플컬러, '세상을 바꾸어나가는 사람들'이다.

김영세의 트위터 어록 모음 (2014년 10월 22일~2016년 5월 28일)

YoungSe Kim @YoungSeKim
2016년 5월 28일
디자이너의 사회적 책임
이 세상의 만물은 누군가에 의해 디자인된다. 우리들이 소유한 물건이 아니라 해도 우리 눈에 보이거나 사용되는 모든 물건은 사람들의 생활에 영향을 끼친다. 좋은 디자인들은 우리들을 기쁘게 만들고 잘못된 디자인들은 우리들에게 불편을 준다.

YoungSe Kim @YoungSeKim
2016년 5월 28일
디자이너의 사회적 책임
내가 디자인한 상품을 선택한 소비자는 그 상품을 사용하면서 기쁨과 편리함을 즐긴다. 나는 나의 디자인을 통해서 이 소비자를 행복하게 만들었다. 그 반대의 결과도 가능하다.

YoungSe Kim @YoungSeKim
2016년 5월 28일
디자이너의 사회적 책임
내가 디자인한 상품을 채택한 유통기업은 생산기업으로부터 상품을 매입해서 온·오프라인의 유통채널을 통해 소비자들에게 상품을 판매한다. 많이 판매한 유통기업들은 판매수익으로 종업원들을 먹여 살린다. 그 반대도 성립된다.

YoungSe Kim @YoungSeKim
2016년 5월 28일
디자이너의 사회적 책임
내가 디자인한 상품을 채택한 기업은 그 상품을 생산하기 위해 금형과 생산라인 구축 등에 많은 투자를 한다. 상품이 성공적으로 출시되고 많이 판매되면 기업은 수익을 만들어 종업원들을 먹여 살린다. 실패할 경우 반대 결과를 만든다.

YoungSe Kim @YoungSeKim
2016년 5월 28일
디자이너의 사회적 책임
1) 내가 디자인하고 있는 이 상품이 사람들에게 어떤 기쁨과 도움을 줄 것인가?
2) 기업들에게는 어떤 경쟁력을 줄 것인가?
3) 세상을 아름답게 만드는 데 도움이 될 것인가?

YoungSe Kim @YoungSeKim
2016년 5월 28일
디자이너의 사회적 책임의 완성은 'Good Design'을 의미한다. 디자이너들에게 주어지는 가장 파워풀한 모티베이션이다.

YoungSe Kim @YoungSeKim
2016년 4월 13일
'빅 디자인'이란 사용자 중심의 디자인이 우선되어야 한다는 새로운 개념이다. 이미 개발되고 표준화된 수많은 기술은 우선 진행된 디자인에 접목되기에 디자인의 기능과 범위는 크게 확장되었다.

YoungSe Kim @YoungSeKim
2016년 4월 6일
디자인은 줄긋기이다. 디자인을 중심에 두면 협업을 통한 혁신의 기회가 보인다.

YoungSe Kim @YoungSeKim
2016년 4월 6일
비틀스는 우리들에게 음악을 남겼고, 피카소는 우리들에게 그림을 남겼다. 그리고 잡스는 사과를 남겼다. 당신은 무엇을 남길 것인가?

YoungSe Kim @YoungSeKim
2016년 4월 3일
나는 인공지능의 영향을 받는 인간의 두뇌는 왼쪽 두뇌라고 생각한다. 오른쪽(감성의) 두뇌는 영원히 인간의 것이다.

YoungSe Kim @YoungSeKim
2016년 4월 3일
오리지널을 만드는 사람들의 생각의 습관
1) 이건 대단해.
2) 그런데 너무 까다로워.
3) 아냐, 이거 별로야.
4) 내가 별로인가?
5) 아냐, 그거 괜찮은 것 같아.
6) 와우! 이건 대박이야!

김영세의 트위터 어록 모음 (2014년 10월 22일~2016년 5월 28일) twitter

YoungSe Kim @YoungSeKim
2016년 3월 31일
새로운 디자인이 가능한 것은 많은 기술이 준비되어 있기 때문이다.

YoungSe Kim @YoungSeKim
2016년 3월 17일
성공에 이르는 가장 빠른 길은 실패의 속도를 두 배로 하는 것이다. —토머스 왓슨

YoungSe Kim @YoungSeKim
2016년 3월 17일
花開半酒微醉(화개반 주미취)라는 말을 아십니까?
꽃은 반만 피어 있을 때가 아름답고, 술은 약간 취했을 때가 기분이 좋다는 말인데 뜻이 참 좋아서 공유합니다.

YoungSe Kim @YoungSeKim
2016년 3월 15일
Fighter보다 Creator가 중요해지는 시대를 준비하자. 수 싸움으로는 미래가 없다. 창조가 미래다.

YoungSe Kim @YoungSeKim
2016년 3월 14일
디자이너는 이제 세상의 조연이 아니라 주연이다!

YoungSe Kim @YoungSeKim
2016년 3월 13일
Simplicity is the ultimate sophistication.
-Leonardo da Vinci

YoungSe Kim @YoungSeKim
2016년 3월 13일
온통 남자뿐인 세상이지만 나는 여자이기를 원한다. 남자들은 여자들의 드레스를 입지 못하지만 여자들은 남자들이 입는 바지도 입는다. – 위트니 휴스턴

YoungSe Kim @YoungSeKim
2016년 3월 11일
당신의 상품을 팔려면, 그 상품을 필요로 하는 사람의 코앞에 들이대라!

YoungSe Kim @YoungSeKim
2016년 3월 11일
아무리 가치가 있는 상품도 그 상품이 필요한 사람들에게 보이지 않는다면 팔리지 않는다. 마케팅은 상품의 실체와 그 상품이 필요한 사람들과의 만남을 이루어내는 일이다.

YoungSe Kim @YoungSeKim
2016년 3월 11일
중국의 사자성어 중에 '온후지정(따뜻하고 너그러운 마음이 경쟁력)'이라는 말이 있다. 이 말은 '중후장대'와 '경박단소'를 이을 미래의 경쟁력이라고 한다. 기계와 인공지능이 대체할 수 없는 인간의 '따뜻한 마음씨'는 새로운 가치창조의 원천이다.

YoungSe Kim @YoungSeKim
2016년 3월 11일
인공지능과 과학기술의 발달은 많은 의사의 역할을 대신할 수가 있다. 그러나 간호사의 따뜻한 마음씨와 손길을 대체할 수는 없다.

YoungSe Kim @YoungSeKim
2016년 3월 11일
인공지능이 확률의 계산에서는 인간을 이길 수 있지만, 인간의 감성을 이해하거나 자극할 수는 없다. 인간지능이 인간의 좌뇌(논리적 두뇌)를 대체할 수는 있지만, 인간의 우뇌(감성적 두뇌)를 대체할 수는 없다. 모든 창조적인 행위만이 인간의 영역으로 남는다.

YoungSe Kim @YoungSeKim
2016년 3월 5일
당신이 또 다른 꿈이나 새로운 꿈을 꾸기에 너무 늙었다는 생각은 절대로 하지 마세요.

김영세의 트위터 어록 모음 (2014년 10월 22일~2016년 5월 28일)

YoungSe Kim @YoungSeKim
2016년 2월 28일
공간을 설계할 때 그 공간 사용자들의 시간대별 체험을 시뮬레이션해보는 것은 독창적 콘셉트 개발에 커다란 도움을 준다.

YoungSe Kim @YoungSeKim
2016년 2월 28일
공간을 디자인할 때 공간에 담을 물질보다 소중한 것은 공간에서 보낼 시간이다. 사용자의 체험이 어떤 시각적인 효과보다 중요하다.

YoungSe Kim @YoungSeKim
2016년 2월 26일
디자인 실패요건 10가지
1) 제품개발 단계에서 디자인의 시작이 너무 늦다.
2) 현재의 유행만을 따른다.
3) 최고 경영진이 디자인 전략수립에 직접 참여하지 않는다.
4) 디자이너가 상품기획에 직접 참여하지 않는다.
5) 너무 많은 다양한 기능을 신제품에 쏟아 넣는다.
6) 기술자가 디자인을 관리한다.
7) '디자인은 브랜드'라는 인식이 부족하다.
8) 디자인보다 광고에 더 많은 돈을 투자한다.
9) 디자인 개발 속도가 느리다.
10) 세계시장의 소비자 취향에 민감하지 못하다.

YoungSe Kim @YoungSeKim
2016년 2월 26일
미래의 성공 CEO들은 '전략가'들이다. 전문성은 필요조건이지만 '전략적 사고방식'이 충분조건이다. Big picture를 볼 수 있고 다른 기업들과 손잡을 수 있는 능력이 필요하다.

YoungSe Kim @YoungSeKim
2016년 2월 26일
미래에는 '수평적 기업'이 성공한다. 산업시대적 '수직적 기업'들보다 훨씬 더 빨리 유기적으로 확장하기 때문이다. 세계 시가 총액 1위의 자리에 오른 구글의 전략이다. 자체가 모든 일을 하는 수직적 기업들보다 합종연횡의 행보가 빨라서 많은 분야에 진출한다.

YoungSe Kim @YoungSeKim
2016년 2월 26일
'Start-up'에 직접투자도 물론 필요하지만, 중소·중견기업들도 대기업에 못지않게 Start-up에 투자해서 영역과 사세를 넓혀가며 대기업으로 성장할 수 있는 능력을 키워야 한다. 실리콘밸리에서 성공하는 기업들은 이렇게 유기적으로 대기업이 되었다.

YoungSe Kim @YoungSeKim
2016년 2월 26일
우리나라의 경제발전을 위해서는 'Start-up'보다 'Scale-up'에 더욱 투자해야 한다. Scale-up이란 중소기업들이 중견기업을 거쳐 대기업으로 발전하는 과정이다.

YoungSe Kim @YoungSeKim
2016년 2월 25일
원형조직의 기업이란? 일반적 삼각형의 조직도와는 다른, 나이테처럼 중심부부터 인맥이 원형으로 확장되는 기업을 말한다. 스티브 잡스의 꿈은 애플을 원형기업으로 만드는 것이었다.

YoungSe Kim @YoungSeKim
2016년 2월 24일
오늘 모임에서 'Stay Young'(내가 얼마 전 졸업식 축사에서 했던 말)의 비결은 무엇이냐는 질문을 받았죠. 나는 순간적으로 'Be Happy, Busy, Enjoy'라고 답했죠. 떠오른 즉답이 마음에 들어 여러분과 공유합니다.

YoungSe Kim @YoungSeKim
2016년 2월 23일
물론 기업에 도전정신은 중요하다. 그러나 자신의 핵심역량이 무엇인지를 무시한 채 무모한 도전을 하는 것은 위험하다.

YoungSe Kim @YoungSeKim
2016년 2월 21일
워런 버핏, 마크 저커버그… 모두 검소한 억만장자들… 그들의 꿈은 '부자' 소리 듣는 게 아니었다. 엄청난 '부'를 만들어서 나눔을 통해 세상을 진화시키려는 큰 꿈을 가진 이 사람들이 존경스럽다.

김영세의 트위터 어록 모음 (2014년 10월 22일~2016년 5월 28일) **twitter**

YoungSe Kim @YoungSeKim
2016년 2월 20일
공유경제란?
1) 소유보다 체험(사용)을 중시한다.
2) 많이 나눌수록 많이 얻는다.
3) 아직까지는 상관없었던 분야들을 연결해서 새로운 가치를 창조한다.
4) 생산자와 소비자의 역할이 함께 작용한다.

YoungSe Kim @YoungSeKim
2016년 2월 20일
부자는 투자하고 빈자는 소비한다. 부자는 투자하기 위해 돈을 벌고, 가난한 자는 소비하기 위해 돈을 번다. 기업가는 '무'에서 '유'를, 그리고 '유'에서 '부'를 창조하는 습관으로 '부'를 키운다.

YoungSe Kim @YoungSeKim
2016년 2월 20일
기업가들은 '부'를 키우는 과정에서 '부'를 나눈다. '가치' 생산을 통해 사용자들에게 편리함과 기쁨을 나누고, 생산과 유통과정에서 협업파트너들에게 '부'와 '가치'를 나눈다. '나눔'의 정신은 미래형 기업의 경쟁력이다. – 공유경제의 원리

YoungSe Kim @YoungSeKim
2016년 2월 19일
Stay young! 피카소는 "모든 사람이 창의성을 갖고 태어난다. 그런데 창의성을 유지하기가 힘든 것이다"라는 유명한 말을 남겼죠. 스티브 잡스의 'Stay hungry, Stay foolish' 다음으로 중요한 메시지.

YoungSe Kim @YoungSeKim
2016년 2월 19일
왜 'Big Design' 인가? IoT(사물인터넷)시대에는 만물이 새로 탄생된다. 누가 아직 체험하지 못한 새로운 상품을 만들어낼 것인가? 상상력이 풍부한 사람들이 만들어낼 것이다. 이들은 모두 디자이너들이다. 전문분야에 상관없이.

YoungSe Kim @YoungSeKim
2016년 2월 14일
사람들이 나눌 수 있는 것들 중 가장 커다란 것은 '사랑' 이지요.

YoungSe Kim @YoungSeKim
2016년 2월 13일
Big Design : Knowing what to design.
Small Design : Knowing how to design.

YoungSe Kim @YoungSeKim
2016년 2월 13일
'빅 디자인' 개념으로 사람들의 생활방식을 디지털로 트랜스포메이션해나갈 수 있는 사람들이 당연히 이 시대의 리더가 된다. 세상 사람들이 그들의 솔루션에 열광하기 때문이다. '빅 디자인' 시대에는 디지털기반 디자이너들이 대거 등용될 것이다.

YoungSe Kim @YoungSeKim
2016년 2월 13일
디자인할 때 이제는 '기능' 보다 '의미' 를 우선시해야 한다. 이 말은 기능을 무시한다는 뜻이 아니다. 기능은 당연히 좋아야 한다는 뜻, 단, 기능만으로는 소비자들의 감동을 일으키지 못한다는 뜻이다. 소비자들은 '의미' 가 있는 상품이나 서비스를 선호한다.

YoungSe Kim @YoungSeKim
2016년 2월 13일
'디자인은 의미를 따른다.' 이 말은 약 100년 전의 바우하우스 디자인혁명 때 나온 유명한 'Form follows function' 이라는 큰 틀 속에서 디자인을 해온 디자이너로서 내가 깨달은 말이다. 산업시대를 지나 '감성시대' 로 진입하는 시점에.

YoungSe Kim @YoungSeKim
2016년 2월 10일
생산자가 감성시대에 살아남으려면? 소비자의 감성을 예측하고 소비자의 감성이 갈망하는 솔루션(상품 또는 서비스)을 창조한다.

265

김영세의 트위터 어록 모음 (2014년 10월 22일~2016년 5월 28일)

YoungSe Kim @YoungSeKim
2016년 2월 10일
감성시대란? 소비자의 감성이 생산자의 이성을 지배하는 시대.

YoungSe Kim @YoungSeKim
2016년 2월 9일
10 Principles of good design
1) innovative
2) useful
3) aesthetically pleasing
4) understandable
5) unobtrusive
6) honest
7) long lasting
8) thorough
9) environmentally friendly
10) and with as little 'design' as possible

YoungSe Kim @YoungSeKim
2016년 2월 8일
정신력이 강한 사람들이 하지 않은 12가지
1) 자신을 위안하며 시간을 낭비하지 않는다.
2) 자신의 골을 향해서 전력투구한다.
3) 변화를 두려워하지 않는다.
4) 주위의 모든 일을 컨트롤하려 하지 않는다.
5) 남들이 보는 잣대로 자신을 판단하지 않는다.
6) 과거에 집착하지 않는다.
7) 같은 실수를 계속 반복하지 않는다.
8) 남의 성공에 연연치 않는다.
9) 한번의 실수로 무너지지 않는다.
10) 홀로 있는 시간을 두려워하지 않는다.
11) 행운을 기대하지 않는다.
12) 짧은 승부를 기대하지 않는다. -비즈니스 인사이더

YoungSe Kim @YoungSeKim
2016년 1월 29일
의미 있는 일을 하라! 반드시 성공할 것입니다. 사람들은 의미 있는 일을 하는 기업들에게 모든 것을 지불하게 될 것입니다.

YoungSe Kim @YoungSeKim
2016년 1월 28일
10년 전 책에 D+D=D라는 '김영세식 수학공식'을 소개했던 기억이 난다. 그런데 IoT시대가 열리면서 실감을 느낀다. Digital +Design=Dream.

YoungSe Kim @YoungSeKim
2016년 1월 26일
기업이 성공하려면 기업의 리더와 직원들이 같은 목적의식을 가져야 한다. 마치 배가 앞으로 나아가기 위해서는 모두 같은 방향으로 노를 저어야 하는 것과 같은 이치이다.

YoungSe Kim @YoungSeKim
2016년 1월 26일
산업디자인의 소재는 산업이 바뀔 때마다 함께 바뀐다. 산업이 디지털로 바뀐 지금 시대의 소재는 디지털이다. 따라서 디지털 기술로 앞서가는 한국 신세대의 산업디자인 미래는 밝다.

YoungSe Kim @YoungSeKim
2016년 1월 23일
성공이란 열정을 잃지 않고 이 실패에서 저 실패로 넘나드는 일이다. -윈스턴 처칠

YoungSe Kim @YoungSeKim
2016년 1월 21일
IoT 출현으로 만물이 바뀐다. 나는 산업혁명 이후 세상의 가장 커다란 변화의 시작이 바로 지금이라고 자신 있게 예언한다. 깜짝 놀랄 만한 'Remarkable'한 상품들이 쏟아져 나온다. 과거의 실적보다 미래의 비전이 경쟁력이 된다.

YoungSe Kim @YoungSeKim
2016년 1월 21일
보이지 않는 세계, 상상의 세계가 보이는 세계, 현실을 지배한다. 상상을 통해서 미래를 볼 수 있는 사람이 미래를 만든다.

김영세의 트위터 어록 모음 (2014년 10월 22일~2016년 5월 28일) **twitter**

YoungSe Kim @YoungSeKim
2016년 1월 17일
가장 커다란 위험은 목표가 높아서 이루지 못하는 게 아니라, 목표가 낮아서 쉽게 이루어버리는 것이다. —미켈란젤로

YoungSe Kim @YoungSeKim
2016년 1월 16일
협업 성공의 비결은? 거래관계에서 '갑'과 '을'이라는 고정관념을 깨는 것이다. 동등하게 상대를 존중하고 필요로 할 때 Win-Win이 가능하다.

YoungSe Kim @YoungSeKim
2016년 1월 16일
IoT 산업이 사상 유례없는 커다란 시장을 만들 것이다. 10년 내에 연간 2경의 세계시장이 열릴 것이라는 예측이 나올 정도다. 그런데 IoT시대의 성공비결은 협업이다. 모든 분야가 바뀌기 때문에 기존 산업의 리더와 신기술이 만나서 세상을 바꿀 것이다.

YoungSe Kim @YoungSeKim
2016년 1월 12일
무엇(What?)이 될까보다 중요한 것은 '누가(Who?)' 될 것인가이다.

YoungSe Kim @YoungSeKim
2016년 1월 12일
Start-up보다 Scale-up이 더 절실한 한국. 대기업 의존도가 높은 우리나라는 경제의 경쟁력을 찾기 위한 전략으로 중소기업들 중 글로벌 경쟁력을 갖출 '규모'를 키우는 'Scale-up' 전략을 추구해야 한다.

YoungSe Kim @YoungSeKim
2016년 1월 7일
CES2016은 수많은 업체가 경쟁적으로 세상을 바꾸는 아이디어를 과시하는 '세계 최대의 디자인 전시회'다. 디자이너인 나에게는 그렇게 보인다.

YoungSe Kim @YoungSeKim
2016년 1월 3일
어떤 것에 여전히 감정을 쏟아부을 수 있다면 그대는 젊다.

YoungSe Kim @YoungSeKim
2016년 1월 3일
중국 기업들의 최대 경쟁력은?
1) 빨리 배우고 빨리 실행한다(모르는 것을 인정한다).
2) 생각의 규모가 크다(자체 시장이 무궁무진하다).
3) 기업 총수들이 젊다(글로벌 마인드로 무장된 1세대).

YoungSe Kim @YoungSeKim
2016년 1월 3일
10년 뒤에 대한민국은 무엇으로 먹고살 것인지? 우선 기업가정신부터 다시 정착시키자. 기업은 재산을 모으는 곳이 아니다. 부를 창출해서 새로운 가치창조를 위한 투자를 하는 곳이다. 한국의 초대형 기업들은 한국의 경제성장을 위해 세계시장에서 경쟁해야 한다.

YoungSe Kim @YoungSeKim
2016년 1월 3일
국내 대기업들이 해외시장 개척에 투자하기보다는 안방에서 쉽게 장사하는 트렌드가 언제 자리 잡았는지 놀라울 따름이다. 중국과의 글로벌 경쟁을 포기한 것은 아니기를 바랄 뿐이다. 대기업들의 승부처는 국내가 아니기 때문이다.

YoungSe Kim @YoungSeKim
2015년 12월 27일
이것은 진실… 미래는 오늘 하고 있는 일이 결정한다. —마하트마 간디

YoungSe Kim @YoungSeKim
2015년 12월 27일
아인슈타인의 10가지 레슨 중 첫째를 아시는 분?
Follow your curiosity.(자신의 호기심을 따라가라!)

김영세의 트위터 어록 모음 (2014년 10월 22일~2016년 5월 28일)

YoungSe Kim @YoungSeKim
2015년 12월 24일
창업자들은 포기하지 말아야 합니다. 포기하면 다른 일을 시작해도 포기할 수 있다는 잠재적 습관이 만들어져서 또 다른 포기를 앞둔 다른 일을 찾게 됩니다. 실패하면 다시 일어날 수 있지만 포기하면 습관이 됩니다.

YoungSe Kim @YoungSeKim
2015년 12월 16일
유통을 발로 뛰는 시대는 지났다. 유통의 길은 '디자인'으로 뚫는 시대가 왔다. 좋은 디자인은 유통사들이 찾아온다.

YoungSe Kim @YoungSeKim
2015년 12월 7일
INNOVATION is CREATIVITY in ACTION! 혁신은 행동이다. 행동이 앞서는 경험 속에서 혁신의 발단을 찾을 수 있기 때문이다.

YoungSe Kim @YoungSeKim
2015년 12월 6일
변화의 바람이 불어 닥칠 때, 어떤 사람들은 바람막이 벽을 만들고 어떤 사람들은 풍차를 만든다 _중국 속담. 이 중 후자를 이노베이터라 부른다.

YoungSe Kim @YoungSeKim
2015년 12월 5일
YoungSe Kim님이 리트윗함 Guillermo Buendia
Innovation is continuation of value adding processes with inventions ~Young Kim~

YoungSe Kim @YoungSeKim
2015년 12월 2일
디자이너처럼 생각하세요! 'Design thinking'의 비결입니다.

YoungSe Kim @YoungSeKim
2015년 11월 28일
나는 창조로 시작해서 나눔으로 마무리하는 긴 여정을 '경제'라고 생각한다.

YoungSe Kim @YoungSeKim
2015년 11월 28일
디자인은 생각이다. 그림이 아니다.

YoungSe Kim @YoungSeKim
2015년 11월 27일
Fashion이란 인간다움이며 자기 자신의 표현이다.

YoungSe Kim @YoungSeKim
2015년 11월 22일
YoungSe Kim님이 리트윗함
Great design should be entertaining, different, and meaningful… I think.

YoungSe Kim @YoungSeKim
2015년 11월 22일
디지털은 이 세상의 모든 인더스트리들을 변화시킬 것이다.

YoungSe Kim @YoungSeKim
2015년 11월 22일
디지털로 변화하는 세상은 사람들의 개인적인 생활 속의 체험을 변화시킬 것이다.

YoungSe Kim @YoungSeKim
2015년 11월 20일
디자이너들은 세상 사람들이 무엇을 원하고 무엇을 필요로 하는지 찾아내는 사람들.

YoungSe Kim @YoungSeKim
2015년 11월 17일
Design matters, because it matters what to design… more than how to design.

YoungSe Kim @YoungSeKim
2015년 11월 14일
Big Design이란, 무엇을 디자인할까를 생각하는 순간 시작된다.

김영세의 트위터 어록 모음(2014년 10월 22일~2016년 5월 28일)

YoungSe Kim @YoungSeKim
2015년 11월 9일
Design is sharing.

YoungSe Kim @YoungSeKim
2015년 11월 9일
Design is making change.
Design is forecasting.
Design is emotional logic.
Design is like shooting for a moving target.

YoungSe Kim @YoungSeKim
2015년 11월 8일
Ranks on Chief Officers could become like order of alphabet.
1) Chief Creative Officer 2) Chief Design Officer
3) Chief Executive Officer
앞으로는 chief officer 중요도의 순서가 알파벳 순서처럼 C, D, E가 될지도?
1) Chief Creative Officer 2) Chief Design Officer
3) Chief Executive Officer

YoungSe Kim @YoungSeKim
2015년 11월 7일
미래는 미래를 만들어가는 사람들에 의해서 이미 진행 중이다. 그들은 진행 중인 미래가 많은 사람에게 알려질 때까지, 모험과 실패를 거듭하면서 세상 사람들을 위한 미래를 만들어낸다.

YoungSe Kim @YoungSeKim
2015년 11월 5일
창업자들이 실패의 경험을 숨길 필요가 없는 이유는? 투자자들은 실패의 경험도 경험으로 보기 때문.

YoungSe Kim @YoungSeKim
2015년 11월 4일
성공한 디자인이란 고객의 니즈를 만족시키고 감성을 흔들 수 있는 디자인이다.

YoungSe Kim @YoungSeKim
2015년 11월 4일
기업 경영인들이 'Big Design' 개념을 이해해야 하는 이유는 Big Design이란, 소비자의 Needs와 Wants를 이해하고 답을 찾아내는 일이기 때문이다. 제품의 마무리 단계가 아닌, 비즈니스 전반에 걸쳐 있는 일이다.

YoungSe Kim @YoungSeKim
2015년 11월 4일
디자인의 니즈는 기업의 브랜드와 상품들이 고객을 만나는 모든 접점에서 일어난다. 고객을 연구하고 이해하며, 그들을 만족시키기 위한 아이디어를 발굴하고 생산에 접목시키는 일이 디자인이다.

YoungSe Kim @YoungSeKim
2015년 11월 4일
CI는 기업의 이미지를 한번에 바꿔버릴 수 있는 예술이다. 뛰어난 CI의 결과물은 회사의 로고뿐 아니라 모든 환경과 직원들의 사고까지도 변화시키고 고객들에게도 새로운 이미지를 심어주는 신비로움을 만들어준다. 그 가치는 예술과 비교된다.

YoungSe Kim @YoungSeKim
2015년 11월 4일
창조와 평준화는 동시에 이루어지지 않는다.

YoungSe Kim @YoungSeKim
2015년 10월 31일
사람은 세상을 바꾸고, 세상은 사람을 바꾼다.

YoungSe Kim @YoungSeKim
2015년 10월 29일
디자인의 시작단계에서부터 상품의 판로를 구상해서 히트상품을 만들려면 반드시 거쳐야 할 과정이 Big Design 프로세스이다. 오늘은 조찬회의와 오후 강연을 통해서 정책을 만드는 리더들과 창업자들에게 Big Design 개념을 전파했던 하루다.

김영세의 트위터 어록 모음(2014년 10월 22일~2016년 5월 28일)

YoungSe Kim @YoungSeKim
2015년 10월 29일
Big Design 시대가 온다…. Design은 비즈니스의 A부터 Z까지이다.

YoungSe Kim @YoungSeKim
2015년 10월 29일
인간의 두뇌에는 좌뇌와 우뇌가 있다. 디자이너의 좌뇌는 Big data로, 우뇌는 Big design으로 채워야 한다. 디자이너는 가슴으로 생각하는 사람이며 가슴은 우뇌가 움직이기 때문이다.

YoungSe Kim @YoungSeKim
2015년 10월 29일
제조에는 납품, 부품, 상품이 있다. 그중에서 상품을 제조하려면 디자인이 경쟁력이다.

YoungSe Kim @YoungSeKim
2015년 10월 28일
수직적 경제모델만으로는 따라잡을 수 없는 속도로 세상이 변하고 있다. 수평적 경제모델의 경쟁력은 '디자인 에코시스템'을 축으로 만들어질 수 있다.

YoungSe Kim @YoungSeKim
2015년 10월 27일
비즈니스의 에센스는 고객의 마음을 읽는 일이다. 그리고 고객의 마음을 차지하는 일이다. Mindshare(고객마음 점유율)가 Marketshare(시장점유율)보다 더 소중하다.

YoungSe Kim @YoungSeKim
2015년 10월 26일
스트라이크 하나는 나를 다음 홈런에 한 발 가까이 가게 만들어준다. -베이브 루스

YoungSe Kim @YoungSeKim
2015년 10월 26일
이 세상의 모든 일은 이루어지기 전까지는 모두 불가능이라 생각했던 일들이다(It always seems impossible until it's done). - Nelson Mandela

YoungSe Kim @YoungSeKim
2015년 10월 26일
Design is 'understanding your customer.'

YoungSe Kim @YoungSeKim
2015년 10월 26일
What is essence of business? It's not sales, it's not marketing, it's not products. it's understanding your customer. – Emory Paine

YoungSe Kim @YoungSeKim
2015년 10월 25일

'신디자인 시대(Big Design 시대)'는 우리나라가 주축이 될 수도 있겠다는 조심스러운 예측을 해본다. 신디자인 시대는 IoT기반으로 사물들의 디자인을 사용자 중심으로 바꿔나가는 시대이기 때문. 단, Big Design을 이해해야.

YoungSe Kim @YoungSeKim
2015년 10월 24일
Big Data 못지않게 중요한 단어가 Big Design이다. 내가 말하는 Big Design이란? 사업구상의 큰 그림을 그리는 일, 기업이 고객에게 제공해야 할 가치를 창조하는 일을 의미한다. 즉, 무엇을 디자인할 것인가를 고민하는 일이다.

YoungSe Kim @YoungSeKim
2015년 10월 21일
우선 디자이너가 디자인하고, 그 디자인을 엔지니어가 만들게 하라! – 스티브 잡스

YoungSe Kim @YoungSeKim
2015년 10월 17일
"Design is a full time job. It is the way you look at politics, funny papers, listen to music, raise children." – Charles Eames, 1949

김영세의 트위터 어록 모음 (2014년 10월 22일~2016년 5월 28일) **twitter**

YoungSe Kim @YoungSeKim
2015년 10월 12일
YoungSe Kim님이 리트윗함
우리 시대의 미래는 예전의 미래와 다르다. 예전의 미래보다는 변화의 속도와 크기가 다르다. 더 빠르고 더 크다.

YoungSe Kim @YoungSeKim
2015년 10월 4일
행복으로 가는 7가지 방법
1) 덜 생각하고 더 느껴라.
2) 덜 찡그리고 더 미소 지어라.
3) 덜 말하고 더 들어라.
4) 덜 따지고 더 받아들여라.
5) 덜 보고 더 행동에 옮겨라.
6) 덜 불평하고 더 감사하라.
7) 덜 두려워하고 더 사랑해라.

YoungSe Kim @YoungSeKim
2015년 10월 1일
오늘 강연 뒤 어떤 분이 질문했다. '문화'는 한마디로 뭐라 생각하느냐고. '문화는 사람들과 모든 사물과의 사이에서 일어나는 일들'이라고 대답했다. 문화는 새로운 상품이나 서비스를 판매할 수 있는 거대한 시장이다.

YoungSe Kim @YoungSeKim
2015년 9월 29일
내가 트윗을 하는 이유는 내가 얻을 수 있었던 깨달음을 잊기 전에 메모해서 언제든지 기억해낼 수 있기를 원하기 때문이다. 그리고 내 트윗을 통해서 누군가가 깨달음을 공유할 수 있다면 그것은 더욱 의미 있는 일이다.

YoungSe Kim @YoungSeKim
2015년 9월 29일
디자인은 사람을 연구하는 일이다. 내가 디자인하는 결과가 누구에게 어떠한 의미가 있는가의 대답이 없이는 한 발짝도 갈 수 없는 게 디자인이다.

YoungSe Kim @YoungSeKim
2015년 9월 29일
무엇을 만들 것인가를 결정하기 전에 해야 할 일은 무엇을 만들어서 누구에게 어떻게 팔 것인가를 결정하는 일이다.

YoungSe Kim @YoungSeKim
2015년 9월 29일
무엇을 디자인할지를 생각한다면 'Big Design'을 이해한 것이다. 어떻게 디자인할지를 생각하는 일은 'Small Design'을 이해한 것이다.

YoungSe Kim @YoungSeKim
2015년 9월 20일
!RT @GreenDayll: 굳은 결심은 가장 유용한 지식이다.
–나폴레옹

YoungSe Kim @YoungSeKim
2015년 9월 16일
!RT @GreenDayll: 사람을 가장 감동시키는 것은… 우리의 가슴속에서 나오는 말이다. – 괴테

YoungSe Kim @YoungSeKim
2015년 9월 13일
재미가 없다면 왜 그걸 하고 있는가? – 제리 그린필트

YoungSe Kim @YoungSeKim
2015년 9월 13일
실패는 성공의 어머니라는 옛말이 있다. 실패를 하면 왜 원하는 일이 이루어지지 않았는지를 알 수 있기 때문이다. 실패가 두려워서 새로운 도전을 못한다면 늘 남이 실패를 통해서 이루어낸 성공의 일부를 얻어가면서 살 수밖에 없을 것이다.

YoungSe Kim @YoungSeKim
2015년 9월 13일
상대방이 가지고 있는 뛰어난 장점에 맞서는 방법은 오직 그것을 사랑하는 것밖에 없다. – 괴테

김영세의 트위터 어록 모음 (2014년 10월 22일~2016년 5월 28일)

YoungSe Kim @YoungSeKim
2015년 8월 15일
'빛'을 본 사람은 누군가에게 '빚'을 지고 있다는 사실을 깨달아야 한다.

YoungSe Kim @YoungSeKim
2015년 8월 15일
세상에는 '할까족'과 '말까족'이 살고 있다. 사람들은 누구나 스스로에게 할까와 말까의 질문을 수 없이 한다. 할까족은 가능한 한 새로운 시도를 하는 사람들이고 말까족은 가능한 한 새로운 일을 피하는 사람들이다. 세상을 바꾸는 사람들은 할까족이다.

YoungSe Kim @YoungSeKim
2015년 8월 7일
이제는 발로 뛰는 영업보다 더 신비로운 영업의 아이디어로 승부하는 시대다.

YoungSe Kim @YoungSeKim
2015년 8월 3일
성공은 절절한 깨달음으로부터 탄생한다. 그리고 절절한 깨달음은 지속되는 도전과 실패의 반복 속에서 나온다. 실패를 피해가며 성공하겠다는 생각을 버리는 일은 성공에 한 발 다가가는 일이다.

YoungSe Kim @YoungSeKim
2015년 8월 2일
"상품의 성패는 선호하는 소비자들의 숫자보다 소비자들의 심장 박동 스피드에 좌우됩니다." 좌뇌(논리의 두뇌)보다 우뇌(감성의 두뇌)가 더 소중해지는 이유다. 과거의 마케팅은 죽었다. —케빈 로버츠

YoungSe Kim @YoungSeKim
2015년 8월 2일
저는 디자인에 두 가지가 있다고 생각해요. Big Design(진짜 디자인)과 Small Design(데커레이션)이죠. "Design이 설계이니, 사업설계, 생산설계, 마케팅설계라고 생각하면 같은 개념이네요."

YoungSe Kim @YoungSeKim
2015년 8월 2일
예전에는 '혁신'이란 단어를 기술의 변화에 연관 지어 생각했다. 혁신이 지체되는 이유는 혁신의 출발점이 '기술'이 아니라 '생활'에서 시작된다는 생각에 못 미치기 때문이다. 혁신은 생활의 변화를 일으킬 수 있는 발견으로부터 시작된다. 이 과정이 디자인이다.

YoungSe Kim @YoungSeKim
2015년 8월 2일
그렇다면 전략=디자인입니다. 그래서 (큰 의미의) 디자인의 부재가 문제였다고 본 거죠. 소비자들의 패턴과 선호도 등을 면밀히 분석해서 생산계획을 세우고 마케팅 계획을 세우는 일의 종합을 전략이라고 할 수 있죠.

YoungSe Kim @YoungSeKim
2015년 8월 2일
디자이너들은 사람들이 만들어가는 생활의 변화를 관찰하며 미래를 예측한다. 그리고 창조한다. 나는 이 과정을 혁신이라 말한다. 그래서 '혁신'과 '디자인'을 합성한 INNOVATION+DESIGN, 즉 INNODESIGN이라는 회사를 만들었다.

YoungSe Kim @YoungSeKim
2015년 8월 2일
디자인이란 혁신적인 생각을 실천으로 옮기며 생산하는 모든 과정입니다. 저는 이것을 Big Design이라 생각하며 다른 사람들은 Design Thinking이라 말합니다.

YoungSe Kim @YoungSeKim
2015년 8월 2일
"행복한 사람이 고객을 행복하게 만든다. 행복하지 않은 직원으로부터 친절함이 나올 수는 없다." —토니 쉐이

YoungSe Kim @YoungSeKim
2015년 8월 1일
"혁신이란 딱 반 보 앞서가는 것… 그리고 작은 소리에도 귀를 기울이는 것." — 랄프 로렌

김영세의 트위터 어록 모음 (2014년 10월 22일~2016년 5월 28일) twitter

YoungSe Kim @YoungSeKim
2015년 8월 1일

성공한 사람들이 절대 하지 않는 20가지
1) 성공의 기준을 돈으로 삼지 않는다.
2) 계획 없이 하루를 시작하지 않는다.
3) '완벽'을 추구하지 않는다.
4) 부정적인 사람들과 가까이하지 않는다.
5) 어려운 상황을 문제로 단정 짓지 않는다.
6) 실패로 좌절하지 않는다.
7) 어떤 문제에 낙심하지 않는다.
8) 타인의 비판으로 자존감에 상처받지 않는다.
9) 핑계를 대지 않는다.
10) 다른 사람의 성공을 시기하지 않는다.
11) 사랑하는 사람들을 소홀히 대하지 않는다.
12) 일에만 매달리지 않고 즐길 줄도 안다.
13) 건강을 소홀히 여기지 않는다.
14) 불확실한 목표는 세우지 않는다.
15) 말로만 하지 않고 행동으로.
16) 스스로 피해자가 되는 상황을 용납하지 않는다.
17) 과거에 집착하지 않는다.
18) 변화를 두려워하지 않는다.
19) 배우기를 멈추지 않는다.
20) 매사에 감사함을 잊지 않는다.

YoungSe Kim @YoungSeKim
2014년 10월 13일

소셜미디어 시대가 만든 가장 커다란 변화는 소비자를 향한 '진실성'이 기업의 성패를 좌우한다는 사실이다. 진실된 상품이나 서비스를 만들어내는 '디자인'이 경쟁력이다. 진실된 디자인은 소비자들의 대화를 만들어내기 때문이다.

YoungSe Kim @YoungSeKim
2014년 10월 13일

마케팅 대가 필립 코틀러가 정의하는 마케팅 3.0 시대의 핵심은 소셜미디어
마케팅 1.0 시대: 제품중심시대
마케팅 2.0 시대: 소비자지향시대(정보화중심시대)
마케팅 3.0 시대: 가치주도시대(소비자들의 이성과 영혼을 중시함)

YoungSe Kim @YoungSeKim
2014년 10월 13일

마케팅 3.0 시대에서는 더 이상 '마케팅=광고'라는 (잘못된) 개념은 존재하지 않을 듯.

YoungSe Kim @YoungSeKim
2014년 10월 21일

사람들의 생활습관을 바꿀 수 있는 기술의 탄생은 대단한 부가가치를 만들어낸다. 오늘 미국에서 실용화된 애플의 애플페이가 그중 하나다.

YoungSe Kim @YoungSeKim
2014년 10월 22일

어떤 중요한 프로젝트를 추진할 때, 플랜 B를 지나치게 의식하지 말자. 자칫 에너지가 분산되어 올인하지 못하면 그 차이로 프라이어리티 1 프로젝트를 실패할 수 있다. 최상의 목표를 향해 모든 에너지를 쏟아 넣을 때 성공률이 높아진다.

YoungSe Kim @YoungSeKim
2014년 10월 22일

Connecting dots…. 디자인을 중심에 두고 서로 다른 점(분야)들을 연결할 때 비범한 비즈니스 모델들이 탄생한다. 이 경우 디자인은 서로 다른 분야들을 접착하는 접착제 역할을 한다.

에/필/로/그

'퍼플피플'이 한국 젊은이들의 삶에서 목표가 되기를

"당신은 무엇을 남길 것인가?"

이는 내가 강연에서 많은 대학생과 신세대 창업자들에게 남기는 말이다. 나는 디자이너로서 살아온 내 경험을 남기고 싶다.

내 경험이 또는 내가 디자인한 작품들이 이 세상 젊은이들에게 모티베이션이 되기를 기대하면서 이 책을 썼다. 나도 할 수 있는 일이었다면 더 좋은 세상에 태어난 나보다 젊은 사람들은 누구나 해낼 수 있는 일이라고 믿기 때문이다.

내가 올인할 수 있었던 분야가 다른 사람들 각각의 분야와는 다르지만 누구나 어떤 한 분야에 올인할 수 있고, 최선을 다한다면 결과에 상관없이 삶 자체가 흥미롭고 생산의 의미가 소중하다는 깨달음은 똑같이 얻을 것이다.

얼마 전 있었던 서울대학교 공과대학 강연에서도 나는 마지막에 "비틀스는 우리에게 음악을 남겼고 피카소는 그림을 남겼으며 스티브 잡스는 사과Apple를 남겼다"라는 말에 이어 "당신은 무엇을 남길 것인가?"라는 질문을 던졌다. 지금 공부에 열중하고 있는 한국 최고 수준의 대학생들에게 나는 '인생의 목표를 바로 지금 세우라'는 목표를 준 셈이다.

나는 대학생들뿐 아니라 그동안 진행해온 '김영세 기업가정신 콘서트'라는 텔레비전 프로그램에서 많은 기업인에게도 같은 메시지를 전했다. 기업가의 창업 목표는 자신의 재능과

재산을 모두 바쳐 '무'에서 '유'를 창조하고 '유'에서 '부'를 창조해 나누는 일이라는 신념을 전파하기 위해서다.

실리콘밸리의 젊은 기업가들이 천문학적인 재산을 사회에 환원하고 미래에 투자하며, 후배들의 창업을 지원하는 아름다운 모습은 실리콘밸리에서 창업하고 30년 이상 살아온 내가 가장 부러워하는 것이다. 실리콘밸리의 기업가정신은 '나눔Sharing'에 뿌리를 두고 있음을 알 수 있다. 디지털이 세상의 모든 규칙을 바꾸어가는 이 시대에 나눔 정신으로 뿌리내리고 확장되어가는 실리콘밸리 문화가 미국뿐 아니라 세계를 이끌고 있다.

'많이 나눌수록 더 커진다'는 진리의 공유경제Sharing Economy 이론은 SNSSocial Network Service가 생활화된 Y세대(Y Generation, 1980년부터 1994년 사이에 태어난 사람)가 만들어간다. 그리고 머지않아 주역 역할을 이어받을 Z세대(Z Generation, 1995년부터 2009년 사이에 태어난 사람)가 부상하고 있다.

반면에, 한국 경제 리더들의 세대교체는 상대적으로 매우 더딘 속도로 진행 중이다. 아직도 산업시대에 성공한 기업인이 주역으로 활동하는 한국의 많은 기업의 문화는 실리콘밸리 주역들이 활약하는 기업의 문화와 상당히 다르다.

한국 리딩 기업들의 출발점은 6·25전쟁 이후 백지 상태에서 생존문제를 해결하는 것이었다. 그리고 기적적인 속도로 성장한 그들의 경쟁력은 규모와 조직의 힘에 있었다 해도 지나친 말이 아닐 것이다.

한국 경제의 역사는 지난 60여 년간 힘든 경제상황에서 탈출하기 위한 처절함/긴박함에 등 떠밀리듯 성장한 '축재(살아남으려고 재산 모으기)'에 초점이 맞춰져 있었던 것 같다. '세상에 무언가를 남긴다'는 말을 당대 기업인들은 사치라고 생각했을지도 모를 일이다.

그러나 이제는 우리 모두 잠시 숨을 고르고 기업이 탄생하는 이유는 무엇인지, 기업인들이 세상을 위해 무슨 일을 해야 하는지 다시 생각해봐야 할 때다. 그리고 훨씬 더 위대한 의미를 찾아야 할 때다.

기업인들이야말로 모든 사람을 위해 보통 사람보다 희생과 노력을 많이 해서 고용을 창출하고 산업을 일으키며 결과물을 나누는 가장 아름다운 사람들이다. 이들이 국민에게서 사랑과 존경을 받지 못한다는 것은 참으로 안타까운 일이다. 이는 '기업가정신Entrepreneurship'의 진실이 국민에게 전달되지 못했기 때문이다. 이로써 기업가 자신의 인생관도 긍정적이지만은 않은 결과를 초래하기도 한다.

'퍼플피플'을 다시 조명하는 이유는 남달리 개인 역량을 발휘해 경제를 만들어내는 모든 사람에게 관심을 가지고 그들을 존경할 수 있는 모멘텀을 만들기 위해서다. 산업시대적 성공을 이뤄낸 1세대들의 업적을 인정하지만 미래의 주역은 또 다른 인재들이라는 인식을 널리 퍼뜨려 새로운 경쟁력을 만들어내기 위해서다. 실리콘밸리에서 생활한 경험과 현장에서 기업을 운영하면서 얻은 경험을 미래를 짊어진 한국의 젊은 세대에게 전하기 위해서다.

일을 시작하기 전부터 가슴이 설레는 사람들, 일하는 동안에는 열정을 쏟을 수 있어 행복한 사람들, 자신이 좋아서 하는 일로 남들에게 기쁨을 나눠줄 수 있는 사람들…. 이런 사람들을 많이 배출하기 위해서다. 이런 사람들을 나는 '퍼플피플'이라고 부른다.

'퍼플피플'이 한국 젊은이들의 삶에서 목표가 되기를 기대한다.

CEO를 위한 경영철학 도서

슈퍼 창업자들

이전에 없던 경험을 팔아라!

국내외 대전환기에는 거대한 위협과 함께 거대한 기회도 몰려온다. 어떻게 위협은 피하고 기회는 잡을 것인가. 이제는 이전에 없던 경험을 팔아야 할 때다. 또한 완전히 다르게 보는 창의력을 발휘하여 고양이처럼 유연한 인재를 갖추어야 성공할 수 있다. 이 책은 다양한 사례를 들어 후발 주자가 성장을 구가하고 약자가 승리를 만끽하는 비결을 제시하고 있다. 2개의 PART로 구성되어 각 꼭지에는 비즈니스나 경쟁에서의 혁신, 성경 속의 반전, 그리고 고양이형 인재의 특질에 대해 이야기한다. 이 책을 숙독하면 남다른 성과를 창출하게 하는 차별화프로세스를 발굴해낼 수 있을 것이다.

김종춘 지음 | 364쪽 | 신국판 | 값 18,000원

손정의 참모

리더는 어떤 정신으로 기업을 이끌어야 하는가!

'풋내기 벤처 소프트뱅크'를 졸업하고 영업이익 1조 엔을 달성하며 '어른스러운 소프트뱅크'가 되기까지, 8년이 넘는 3,000일 동안 손정의 회장을 보좌했던 기록을 담았다. 현재의 소프트뱅크가 있기까지 손정의의 기업가정신과 리더십을 깊이 있게 다루어 '300년 존속 기업'으로 키우겠다는 손 회장의 야망과 결단력을 살펴볼 수 있다. 손정의 회장의 최측근인 비서실장이 옆에서 직접 경험하고 소통하고 실현했던 모습을 담았기에 더욱더 손정의 회장의 진면모를 느낄 수 있다. 리더를 꿈꾸는 독자들에게 손정의 회장의 메시지를 전하여 조직의 미래를 내다보고 강한 결의로 사람을 이끄는 글로벌 리더가 되기를 기원한다.

시마 사토시 지음 | 정문주 옮김 | 468쪽 | 신국판 | 값 20,000원

결핍이 만든 성공

결핍을 극복한 세이펜 김철회 대표의 기업가정신

인생의 반전 드라마는 남보다 특별한 능력을 가지고 있는 사람이 만들어내는 게 아니다. 희망보단 절망과 좌절로 가득 찬 삶을 살았던 세이펜 김철회 대표는 부도가 나서 감옥까지 가게 되는 엄청난 실패 속에서도 남들보다 훨씬 더 많이 노력해야 한다는 절실한 마음가짐으로 주어진 역경을 극복했다. 세이펜을 개발해 커다란 성공을 이룬 후에는 자기 자신뿐만 아니라 주변 사람들과 성공을 나누고 기부하는 '나눔'을 실천하고 있다. 오늘보다는 내일 더 멋지게 성장하는 사람, 돈 많이 번 사람보다는 멋진 인생을 즐기는 사람, 교육 분야에서 왕성한 사업가로서 생명이 다하는 날까지 끊임없이 움직이며 활동하고 싶은 게 그의 꿈이다.

김철회 지음 | 292쪽 | 신국판 | 값 18,000원

화웨이의 위대한 늑대문화

화웨이의 놀라운 성공신화! 그 중심에 늑대문화가 있다!

지난 20여 년간 화웨이가 성공할 수 있었던 비결은 도대체 무엇일까? 어떻게 해서 계속 성공을 복제할 수 있었을까? 화웨이의 다음 행보는 무엇일까? 화웨이의 68세 상업사상가, 마흔을 넘긴 기업 전략가 10여 명, 2040세대 중심의 중간 관리자, 10여만 명에 달하는 2030세대 고급 엘리트와 지식인이 주축이 된 지식형 대군이 전 세계를 누빈다. 전통적인 기업 관리 이론과 경험은 대부분 비지식형 노동자 관리에서 비롯했다. 이제 인터넷 문화 확산이라는 심각한 도전 앞에서 지식형 노동자의 관리 이론과 방법이 필요하다. 이를 꿰뚫은 런정페이의 기업 관리 철학은 당대 관리학의 발전에 크게 이바지했다.

텐타오, 우춘보 지음 | 이지은 옮김 | 452쪽 | 4×6배판 | 값 20,000원

조선부자 16인의 이야기

역사로 통찰하는 조선시대 부자 비결!

부(富)를 축적하고 증식하기 위해서는 뚜렷한 목표가 있어야 한다. 돈을 버는 부자는 결코 결심이나 뜻으로 되는 것이 아니라 실행과 노력으로 이루어진다. 또한 부(富)는 이루기도 어렵지만 지키기는 더 어렵다. 부(富)가 완성되려면 축적, 증식, 분배의 세 요소가 어우러져 있어야 한다. 이 책에는 뜻을 세우고 실천하는 조선의 부자, 즉 자수성가한 부자들의 삶과 철학을 담았다. 이렇게 소개된 조선시대 부자 16인의 이야기를 바탕으로 옛 선인들의 철학과 삶의 지혜를 본받아 현시대의 부의 철학을 다시 바로잡고, 역사 속 실존 인물들의 이야기를 통해 자신의 삶에 접목한다면 한국판 노블리스 오블리제를 실천할 수 있을 것이다.

이수광 지음 | 400쪽 | 신국판 | 값 18,000원

돈 버는 사장 못 버는 사장

돈 버는 사장에겐 공통점이 있다!

돈을 못 버는 이유를 불경기 탓으로 돌리지 않았는가? 이윤추구보다는 더불어 사는 사회를 만들기 위해 조금만 벌고 있다고 둘러대진 않았는가? 기업의 목적은 이윤창출이다. 사장은 본인의 회사와 사원들을 위해 돈을 많이 벌 수 있는 시스템을 만들어야 한다. 이 책은 돈 버는 사장이 될 수 있는 습관을 총 6장으로 분류하고, 돈 버는 사장과 못 버는 사장의 특징을 담은 50개의 키워드로 정리하였다. 현재 자신의 실수나 오류를 스스로 점검하고 돈 버는 사장으로 변화할 수 있는 방법을 일러스트를 포함한 구성으로 보다 쉽게 이해할 수 있도록 명쾌하게 제시한다.

우에노 미쓰오 지음 | 정지영 옮김 | 김광열 감수 | 260쪽 | 신국판 | 값 17,000원

부의 얼굴, 신용

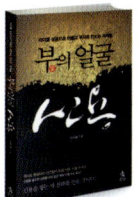

역사에서 통찰하는 선인들의 성공 비결, 신용 처세술!

무형의 재산으로 유형의 재산을 넘나드는 파급력을 지닌 '신용'. 대대손손 부를 부르는 사람들에게는 남과 다른 신용이 있었다. 역사소설의 대가 이수광 작가가 오랫동안 축적해온 방대한 역사적 지식에 신용을 접목한 이 책은 눈앞의 이익에 눈이 멀어 속임수를 쓰지 말라는 메시지와 함께 책임 있는 언행이 인격의 뿌리가 되어야 한다고 강조하고 있다. 현대를 사는 독자들이 구한말 조선 최고의 부자이자 무역왕으로 군림했던 '최봉준', 한나라의 전주 '무염' 등 역사 속 실존인물들이 신용을 발판으로 성공한 이야기를 가슴에 담고 신용을 생활화함으로써 '인복人福'과 '부富'를 부르는 귀인貴人이 되기를 기원한다.

이수광 지음 | 352쪽 | 신국판 | 값 16,500원

대한민국 기업/병의원을 위한 컨설팅 도서

정인택의 법인 컨설팅십

자신에게 투자하고, 자신이 만나는 고객에게 투자해야 한다!

ING생명 정인택 명예상무는 법인컨설팅 현장에서 ING생명 5년 연속 FC 챔피언을 수상하도록 해준 남다른 컨설팅 전략을 직접 수많은 기업인에게 전파했으며 현장에서 경험한 다양한 사례를 토대로 100년 이상 장수기업으로 기업을 승계하기 위한 솔루션을 제공하기 위해 노력해왔다. 이 책은 영업현장에서 기업 전문 FC가 되고자 하는 수많은 보험업계 동료 FC들에게 고객관리와 인맥관리를 통해 어떻게 높은 성과를 창출해 내는지를 저자의 생생한 경험담을 통해 담아내고 있다. 대한민국의 모든 파이낸셜 컨설턴트가 단순한 보험상품 판매가 아닌 진정한 CEO 컨설팅을 통해 중소·중견기업의 동반자가 되어주기를 기대한다.

정인택 지음 | 296쪽 | 신국판 | 값 17,500원

대한민국 CEO를 위한 법인 컨설팅 1, 2

CEO가 꼭 알아야 할 법인 컨설팅의 모든 것!

10년 가까이 현장에서 배우고 쌓은 저자의 노하우를 더 많은 고객들과 공유함으로써 그들의 고민을 해결하기 위해 출간되었다. 2권으로 나누어진 이 책의 1권에는 기본 이론과 내용들이, 그리고 2권에는 구체적인 실행전략과 아이디어들이 담겨 있다. 증여, 지분 이전, 부동산 및 금융자산의 운용, 명의신탁, 가업승계, 인사노무관리 등 풍부한 현장 경험 사례를 통해 구체적인 전략을 제시함으로써 이제는 CEO들이 제대로 평가받고, 제대로 된 기업으로 성장시켜 지속기업으로 발전할 수 있도록 지원하고자 한다. 기업이 성장함에 따라 겪게 될 문제들을 미리 알고 철저히 대비한다면 세금 폭탄 같은 날벼락은 피해 갈 수 있을 것이다.

김종완 지음 | 1권 288쪽 · 2권 376쪽 | 신국판 | 각 권 20,000원

대한민국 창업자를 위한 외식업 컨설팅

글로벌다이닝그룹 이준혁 대표의 외식 창업의 모든 것!

삼성, 현대 등 대기업 외식사업팀을 이끌었고, 300여 점포 이상을 경영, 기획하며 30여 년간 오직 외식업 한길만 걸어온 저자는 외식업에 뛰어들어 좌절하는 창업자들의 고통에 함께 공감하고 조금이나마 구제하고 싶은 심정으로 《대한민국 창업자를 위한 외식업 컨설팅》을 집필하였다. 이 책은 창업 준비부터 업종, 입지 선정, 인테리어, 마케팅, 종업원 관리, 상품 관리까지 창업 노하우와 반드시 알아야 할 정보를 구체적으로 다루고 있다. 또한 저자가 직접 컨설팅했던 업체의 실전 사례들과 문제점과 해결방안도 제시하였다. 한방에 성공하려는 대박식당을 창출하기보다 폐업의 리스크를 줄이는 데 초점을 맞추었다.

이준혁 지음 | 268쪽 | 신국판 | 값 18,000원

기업가치를 높이는 재무관리

기업의 가치와 신용평가는 재무관리에서 비롯된다!

정보화 사회로 변화해가면서 신용사회라고 할 만큼 신용평가에 관한 관심이 점차 커지고 있다. 국가 신용등급의 등락이 그 나라의 채권가격뿐만 아니라 경제에도 많은 영향을 미치고, 기업에 대한 신용평가는 기업의 여신 규모와 금리에 영향을 주기 때문이다. 이 책은 산업현장에서 CEO와 자금담당 임원, 직원들이 경영활동을 하면서 겪게 되는 재무관리와 관련된 애로사항이나 궁금한 점을 다양한 사례를 바탕으로 쉽게 풀어놓았다. 또한 기업경영에 실질적으로 접목할 수 있도록 기업의 가치를 극대화하고 안정적인 성장기반을 갖춘 강한 기업으로 거듭날 수 있도록 스토리를 전개하였다.

이진욱 지음 | 416쪽 | 4×6배판 | 값 25,000원

병의원 만점세무

병의원의 성공은 세무 회계에 달려 있다!

병의원을 운영하는 대부분의 경영자들은 다른 부분은 비교적 철저하게 관리하면서도 의외로 세금 문제에 부딪히게 되면 어려움을 겪는다. 이 책은 병의원 경영자들의 세무 관련 고민을 조금이라도 덜어주고자 병의원 컨설팅 전문 세무법인 택스홈앤아웃의 전문적인 컨설팅 노하우를 담고 있다. 개원 준비부터 세무 조사, 세테크에 이르기까지 병의원 운영에 필요한 전반의 세무 문제를 다루고 있으며, 각 챕터마다 합리적인 세무 관리를 위해서 경영자는 어떻게 대처해야 하는지를 병의원의 사례를 들어 자세히 설명하고 있다. 또한 해당 사례를 일러스트로 표현하여 좀 더 쉽게 이해할 수 있도록 했다.

세무법인 택스홈앤아웃 지음 | 404쪽 | 신국판 | 값 20,000원

상속·증여 만점세무

소중한 자산의 대물림, 합법적으로 절세하고 현명하게 대비하자!

상속세와 증여세는 어느 정도 재산이 있는 사람이라면 누구나 해당되는 세금으로서 우리 생활과 밀접하게 관련되어 있다. 그리고 수익이나 소득이 아닌 재산 가치를 기준으로 세금을 부과하기 때문에 세금에 대한 부담감이 높아져 납세자뿐만 아니라 예비납세자의 관심과 문의가 많은 세금이다. 이 책은 평상시에 세금과 별로 관계없이 지내는 보통 사람들도 한 번쯤은 겪게 되는 사례들을 모았다. 또한 상속·증여와 관련된 세금에 의문이 있거나 세금 문제에 대비하고자 하는 예비납세자에게 유용한 길잡이로 활용되고, 나아가 상속세와 증여세에 대한 인식을 새롭게 하고 정확하고 합리적으로 납세하는 데 도움이 되고자 집필되었다.

세무법인 택스홈앤아웃 지음 | 420쪽 | 신국판 | 값 22,000원

대한민국 국민을 위한 인생 컨설팅 도서

오늘이 기회다

내 생애 가장 젊은 날 '오늘이 기회다'

적당히 살거나 대충 살기에는 우리의 삶이 너무 짧고 아깝다. 세상이 변하길 원하고 상대가 변하길 바라기 전에, 나의 부족함을 냉정하게 파악하고, 남이 아닌 나를 변화시켜야 발전할 수 있다. 남과 다른 나만의 진정한 가치가 생기고, 비로소 남이 아닌 자신과 싸울 수 있는 힘이 생기기 때문이다. 과거의 내가 새로운 나를 탄생시키는 데 걸림돌이 되지 않도록 항상 과거의 나를 버리고, 새로운 모습으로 거듭날 수 있도록 노력해야 한다. 자신의 꿈을 이루어 성공하고 싶은 사람들과 리더의 자질을 갖추고자 하는 사람들에게 세이펜 김철회 대표의 실천철학을 삶에 적용하여 성공의 길로 향하는 데 도움이 되기를 희망한다.

김철회 지음 | 276쪽 | 신국판 | 값 16,000원

킬링 리더 vs 힐링 리더

당신은 킬링 리더인가 힐링 리더인가?

저자는 기업에서 리더십과 관련해 많은 강의를 하면서 다양한 리더들과 만났다. 그런데 과거의 패러다임에 얽매여 조직을 위험에 빠뜨리면서도 정작 자신은 그 심각성을 인지하지 못하고 있는 킬링 리더들을 많이 보았다. 이 책에는 리더를 크게 '킬링 리더'와 '힐링 리더'의 두 가지로 구분하고 스스로 힐링을 경험하여 리더에 이르는 '셀프 힐링', 최강의 팀으로 거듭나기 위한 '팀 힐링', 위대한 기업을 구현하게 만드는 '컬처 힐링' 등을 소개하고 있다. 또한, 다양한 사례를 통해 조직과 공동체의 발전을 위해 헌신하고 있는 리더들에게 현장에서 쉽게 이해하고 바로 적용할수 있도록 방법을 제시하고 있다.

송수용 지음 | 284쪽 | 신국판 | 값 17,000원

백인천의 노력자애

한국 프로야구의 전설, 백인천의 리더십

한국 프로야구 불멸의 타율 4할, 백인천의 인생철학과 그가 새겨놓은 프로야구의 역사를 책 한 권에 담았다. 반평생을 오직 야구 인생으로 살아온 백인천의 발자취를 돌아보면서 야구와 건강 두 마리 토끼를 쟁취하기 위해 혹독한 훈련을 견뎌 불멸의 4할 타자, 백인천의 이름이 프로야구의 전설로 남아있게 된 것이다. 이 책은 총 10장으로 구성되었으며 백인천 감독이 야구와 같은 인생을 살았듯이 책의 콘셉트 역시 야구 경기처럼 1회 초부터 9회 말과 연장전 그리고 하이라이트 순으로 이어진다. 야구 프로에서 건강 프로가 되기까지 백인천 감독의 인생을 통해 독자 여러분도 인생의 진정한 프로로 거듭나기를 희망한다.

백인천 지음 | 388쪽 | 신국판 | 값 20,000원

논어로 리드하라

여성 리더로 성공을 꿈꾼다면 지금 당장 《논어》를 펼쳐라!

현대는 강하고 수직적인 남성적 리더십보다 감성적이고 관계지향적인 여성적 리더십을 요구하는 사회로 변화하고 있다. 이러한 변화를 입증하기라도 하듯 한국에서는 사상 최초로 여성 대통령이 탄생했다. 국제적으로는 미국 국무부장관 힐러리 클린턴, 세계적으로 영향력 있는 여성 방송인 오프라 윈프리, 독일의 메르켈 총리 등 수많은 여성 리더들이 있다. 따뜻한 리더십으로 무장한 여성 지도자들의 공통점은 인생에서 중요한 가치를 깨닫고 더 나은 자신이 되기 위해 철학책과 고전을 많이 읽으면서 내면을 수양했다는 것이다. 쉽게 풀어쓴 논어를 가까이하여 더 많은 여성이 우리나라뿐 아니라 세계를 리드하기 바란다.

저우광위 지음 | 송은진 옮김 | 344쪽 | 신국판 | 값 18,000원

어둠의 딸, 태양 앞에 서다

초라한 들러리였던 삶을 행복한 주인공의 삶으로!

세계적인 베스트셀러 《시크릿》의 주인공 밥 프록터의 유일한 한국인 제자인 조성희의 첫 번째 에세이집. 스스로 어둠의 딸이었다고 할 정도로 어려운 환경에서 마인드 교육을 통해 변화한 저자의 진솔한 이야기가 담겨 있다. '어둠'을 '얻음'으로 역전시키는 그녀만의 마인드 파워는 고뇌에 찬 결단과 과감한 도전정신으로 만들어낸 선물이다. 누구나 생각하는 대로 인생을 멋지게 살 수 있다. 어떻게 목표를 세우고, 어떤 생각을 하고, 무슨 꿈을 꾸느냐에 따라 인생은 달라진다. 꿈이 없어 짙은 어둠의 터널 속에서 절망을 먹고사는 사람들뿐만 아니라 심장이 뛰는 새로운 돌파구를 찾으려는 모든 사람에게 중독될 수밖에 없는 필독서다.

조성희 지음 | 404쪽 | 신국판 | 값 18,900원

나만 나처럼 살 수 있다

이제 나는 말한다, '나만 나처럼 살 수 있다'고

이제 나는 말한다, '나만 나처럼 살 수 있다'고 누구나 살면서 두 번, 세 번, 아니 수도 없이 쓰러진다. 이때 가장 필요한 것은 다시 일어설 수 있는 힘이 다. 그런데 안타까운 것은 많은 사람들이 이 힘을 보지 못한다는 점이다. 털어버릴 힘, 자신감, 자존감, 긍정적 가치관, 공동체를 지향하는 신념, 자아 정체성, 나를 조절할 수 있는 힘, 타인과의 소통이 세상을 살아가는 힘이다. 세상의 기준으로 보면 내세울 것 없는 사람이라도 '내 안의 행복'을 찾으면 비로소 나는 나 답게 살 수 있다. 이 한 권의 책이 누군가에게 꼭 필요한 지침서가 되고, 영혼까지 깊이 웃게 해주는 삶의 돌파구가 되기를 희망한다.

이요셉 · 김채송화 지음 | 372쪽 | 신국판 | 값 18,000원

황태옥의 행복 콘서트 웃어라!

웃음 컨설턴트 황태옥의 행복 메시지, 세상을 향해 웃어라!

웃음 전도사로 유명한 저자가 지난 10년간 웃음으로 어떻게 인생을 다시 살게 되었는지 진솔하게 풀어낸 책이다. 암을 극복하고 웃음과 긍정 에너지로 달라진 그녀의 삶을 보면서 함께 변화를 추구한 주변 사람들의 사례는 물론 10년간의 삶의 흔적이 고스란히 담겨 있다. 독자들이 이 책을 읽고 삶을 업그레이드해 생활 속에서 행복 콘서트의 주인공이 될 수 있는 힘을 얻기를 희망한다. 또한 웃음을 통해 저자를 능가하는 변화된 삶을 살기를 바란다. "한 번 웃으면 한 번 젊어지고 한 번 화내면 한 번 늙는다(一笑一少一怒一老)"는 말이 있듯이 행복지수를 높여 삶을 춤추게 하고 싶다면 바로 지금 세상을 향해 웃어라!

황태옥 지음 | 260쪽 | 신국판 | 값 17,500원

니들이 결혼을 알어?

결혼이라는 바다엔 수영을 배운 후 뛰어들어라!

결혼은 액션이다! 아무런 행동도 하지 않고 막연히 앉아서 행복하길 기다리는 사람들의 결혼은 그 자체로 불행한 일이다. 이 책은 이병준 심리상담학 박사와 그의 아내이자 참행복교육원에서 활동하고 있는 공동 저자 박희진 실장이 상담현장에서 접한 생생한 사례를 토대로 하고 있다. 기혼자들과 결혼 판타지에 빠진 청춘에게 '꼭 해주고 싶은 말'을 읽기 쉬운 스토리 형식으로 담았다. 대부분 경고 수준의 문구지만 결혼식 준비는 철저하게 하면서 결혼준비는 소홀히 하는 이들에게 결혼의 중요성을 일깨워준다. 늘 머리에 '살아? 말아?'를 넣어두고 살아가는 이들에게 '까짓 살아보지 뭐!' 라며 툴툴 털고 일어서게 하는 힘을 줄 것이다.

이병준 · 박희진 지음 | 380쪽 | 신국판 | 값 18,000원

미래 인사이트 도서

거대한 기회

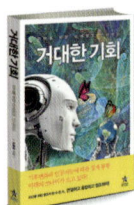

창조 지능 리더십을 선사할 '거대한 기회'를 잡아라!

세상이 짧은 시간에 급격하게 변하고 있다. 난공불락의 요새도 없고 절대적 강자도 없다. 이러한 시대에 살아남으려면 유연하게 변화하고 창조해야 한다. 현대의 리더는 변화의 큰 흐름을 읽고 거기서 기회를 포착해야 한다. 불꽃이 아니라 불길을 보아야 하고, 물결이 아니라 물살을 보아야 한다. 이 책은 리더들에게 시대의 흐름을 한눈에 보여주고자 불확실한 미래에 접근하는 방법을 다양하게 제시하고 있다. 남보다 더 넓게 보는 안목을 키우고 패러다임을 자기만의 방식으로 삶과 비즈니스에 접목함으로써 더욱 큰 사회공동체와 인류공동체를 위해 공헌하는 창조의 마스터가 되어보자.

김종춘 지음 | 316쪽 | 신국판 | 값 18,500원

잡job아라 미래직업 100

변화 속 거대한 미래직업의 흐름을 주시하라!

미래에는 로봇 혁명을 통해 전혀 새로운 일자리와 노동 시장이 만들어질 전망이다. 인간을 채용하는 대신 새로 개발된 기계를 활용하고 3D 프린팅, 무인차, 무인기, 사물인터넷, 빅데이터 등 시대의 패러다임을 바꿀 기술들이 노동 시장을 뒤흔들 것이다. 이 책은 이러한 문제점에 접근하기 위해 미래 노동 시장과 일자리를 끊임없이 추적한 성과물인 100가지의 미래 유망직업에 대해 서술하고 있다. 건강하고 안전한 미래, 편리하고 스마트한 미래, 상상이 현실이 되는 미래, 지속성이 보장되는 미래 이렇게 총 4챕터로 이루어져 있고 짧은 글들로 짜였지만 미래 노동 시장과 산업 전반에 대한 내용과 통찰력이 압축돼있다.

곽동훈 · 김지현 · 박승호 · 박희애 · 배진영 지음 | 444쪽 | 신국판 | 값 25,000원

건강 / 의학 도서

굿바이, 스트레스

만성피로 전문클리닉 이동환 원장의 속 시원한 처방전!

대부분의 사람들은 흔히 스트레스라고 하면 부정적인 인식이 앞서 '나쁜 스트레스'만 떠올린다. 많은 현대들이 과도한 스트레스 때문에 힘들어하고 심한 경우 신체 질병까지 얻게 된다. 하지만 우리가 보편적으로 인식하고 있는 스트레스의 부정적인 이미지와는 달리 적절한 스트레스는 오히려 삶에 동기부여를 해줄 뿐 아니라 자극제가 되기도 한다. 저자는 스트레스를 무조건 줄이라고 하지 않는다. 오히려 스트레스를 적절히 관리해서 성과와 연결하는 방법을 소개한다. 계속되는 스트레스에 매몰되어 헤매는 것이 아니라 긍정적인 마음의 근육을 키워 스트레스를 통해 새로운 에너지를 얻음으로써 성과까지 창출하는 비법을 배워보자.

이동환 지음 | 260쪽 | 4×6배판 | 값 18,000원

잘못된 치아관리가 내 몸을 망친다

치과의사가 알려주는 치아 상식과 치과 치료의 오해와 진실!

치아는 잠자리에서 일어나는 아침부터 잠자리에 드는 저녁까지 모든 음식을 맛보는 즐거움을 우리에게 선사한다. 오복의 한 가지라 할만큼 치아건강은 인간의 행복에 큰 영향을 미친다. 이 책에서 치과의사인 저자는 일상생활에서 지켜야 할 치아 건강 관리법은 물론 상세한 치과 진료 과정, 치과 진료에서 궁금했던 점을 들려준다. 또한 잘못된 치아관리가 내 몸을 망칠 수 있으므로 제대로 알고 제대로 치료해야 건강한 치아를 간직할 수 있다고 강조한다. 이 책에는 치아전문 일러스트레이터들이 그린 생생한 일러스트를 실어 치료 과정을 쉽게 이해할 수 있도록 했다. 다양한 증상에 어떻게 대처해야 하는지 알려주는 유용한 책이다.

윤종일 지음 | 312쪽 | 4×6배판 | 값 20,000원

취미 / 기타 도서

매직스윙

좀처럼 골프가 늘지 않는다면 매직스윙하라!

골프를 즐기는 사람은 많지만 정확한 스윙법을 구사하는 사람은 드물다. 프로든 아마추어든 골프를 시작한 나이, 체형, 성별 등에 따라 스윙법이 각각이지만 각 골퍼들의 스윙 문제는 비슷하기 마련이다. 이런 문제 해결을 위해 이병용 프로가 만든 '매직스윙'은 쉽고 간단하면서 효과도 빨라 수많은 유명 연예인, 기업체 CEO들을 반하게 했다. 이병용 프로는 보다 많은 사람들에게 매직스윙이 담긴 독자적인 레슨 이론을 소개하기 위해 책을 펴냈다. 좀처럼 골프 실력이 늘지 않아 고민 중인 분에게 이 책은 마치 직접 개인레슨을 받는 것과 같은 놀라운 경험을 선사할 것이다. 모두 골프의 매력에 빠질 준비를 해보자.

이병용 지음 | 208쪽 | 국배판 | 값 35,000원

위대한 개츠비

20세기 영미문학 최고의 걸작!

1974년에 이어 2013년 또다시 영화화되어 화제를 불러일으켰던 《위대한 개츠비》는 미국인이 가장 좋아하는 대표적소설이다. 작품 배경이 되는 시기는 제1차 세계대전 직후, 이른바 '재즈 시대'라고 불리는 1920년대다. 급격한 산업화와 전쟁의 승리로 풍요로워진 시대에 전쟁의 참화를 직간접적으로 경험한 젊은이들의 다양한 삶의 모습을 매우 섬세한 필치로 풀어낸 작품이다. 소설 속 주인공 개츠비는 젊은 시절의 순수한 사랑을 이루려고 자신을 내던진다. 아메리칸 드림을 이룬 그의 머릿속에는 부의 유혹에 넘어간 사랑하는 여인 데이지를 되찾으려는 생각밖에 없다. 그러나 현실은 그의 꿈을 용납하지 않는데….

F. 스콧 피츠제럴드 지음 | 표상우 옮김 | 4×6판 | 316쪽 | 값 12,000원

성과를 지배하는 힘 시리즈 도서

성과를 지배하는 바인더의 힘

남과 다른 성공을 꿈꾼다면 삶을 기록하라!

프로가 되려면 성과가 있어야 하고, 성과를 내려면 프로세스를 강화해야 한다. '시스템'과 '훈련'을 동시에 만족하게 해주는 탁월한 자기관리 시스템 다이어리 3P 바인더의 비밀을 전격 공개한다. 바인더는 훌륭한 개인 시스템이자 조직 시스템이다. 모든 조직원이 바인더를 사용한다면 정보와 노하우를 손쉽게 공유할 수 있다. 바인더와 책, 세미나를 통해 기적 같은 변화를 체험한 많은 사람의 실제 사례를 소개하하여 바인더를 좀 더 활용하기 쉽게 만들었다. 저자는 20여 년간 500여 권의 서브바인더를 만들면서 기록관리, 목표관리, 시간관리, 업무관리, 지식관리, 독서경영 등을 실천함으로써 성과를 지배해온 스페셜리스트다.

강규형 지음 | 신국판 | 342쪽 | 값 20,000원

성과를 지배하는 스토리 마케팅의 힘

마케팅의 성공 비결은 스토리와 공감이다!

세상이 하루가 다르게 변하고 있고 고객의 마음도 초단위로 바뀌고 있다. 누가 한 분야에서 성공했다 하면 모방하는 이들이 빠르게 나타나 순식간에 시장을 나눠가진다. 우리가 사는 21세기의 현실이 이렇다. 기술이 좋고 제품이 훌륭한데도 매출로 연결하지 못하는 기업들의 결정적인 맹점은 '스토리'가 부족하다는 것이다. 이제는 기술과 제품을 뽐내기만 할 것이 아니라 고객의 마음부터 들여다보아야 한다. 수시로 변하는 고객의 마음을 휘어잡는 열쇠, 마케팅! 그 근간에는 자신만의, 자사만의 스토리가 있어야 한다. 이 책이 전하는 스토리 마케팅을 활용한다면 두꺼운 충성고객층과 함께 꾸준한 성과를 창출할 수 있을 것이다.

조세현 지음 | 360쪽 | 신국판 | 값 20,000원

성과를 지배하는 유통 마케팅의 힘

한 권으로 배우는 대한민국 유통 마케팅의 모든 것!

상품이 만들어져 소비자에게 오기까지는 많은 사람의 수고가 필요하다. 그러나 중간에서 징검다리 역할을 해주는 유통업자가 없다면 이 사회는 제대로 돌아가지 못한다. 소비문화가 제대로 정착되려면 유통 시장을 전체적으로 확실하게 이해하는 사람이 있어야 한다. 이 책에는 저자가 20여 년간 유통업계 현장에서 발로 뛰며 얻은 소중한 경험을 담았다. 다방면에 걸친 유통 영업의 노하우, 유통 마케팅 비법뿐 아니라 유통시장의 전체적인 틀을 제시하였다. 공공기관 입찰에 필요한 나라장터 사용법은 물론 직접 거래해보지 않으면 알 수 없는 유통사별 상품 제안서 사용법까지 다양하게 소개하고 있다.

양승식 지음 | 344쪽 | 4×6배판 | 값 20,000원

받는 사람

□□-□□□

보내는 사람

세상을 바꾸는 사람들, 퍼플피플 purple people!

당신은 무엇을 남길 것인가?

당신 인생보다 더 오래 지속될 수 있는
무언가를 세상에 남길 수 있다면
인생을 훌륭하게 산 것이다.
비틀스는 우리가 여전히 즐기는 음악을 남겼고,
피카소는 그림을, 스티브 잡스는 애플을 남겼다.
당신은 무엇을 남길 것인가?

김영세 지음 | 284쪽 | 국배판 변형 | 값 22,000원

StarRich Advisor / StarRich Books

StarRich Advisor / StarRich Books

062-53

(주) 스타리치 어드바이저 & 북스 담당자 앞

서울시 강남구 강남대로62길 3 은성빌딩 5층

스타리치 패밀리 회원이란?

하나의 아이디로 스타리치에서 운영하는 사이트(스타리치 어드바이저, 스타리치북스, 스타리치몰, 스타리치 잉글리시 등)와의 모든 거래 및 서비스 이용을 편리하고 안전하게 사용할 수 있는 스타리치 통합 회원제 서비스입니다.

스타리치 패밀리 회원 혜택

- 스타리치몰에서 사용 가능한 적립 포인트(도서 정가의 5%) 제공
- 스타리치북스에서 주최하는 북콘서트 사전 초대
- 스타리치북스 신간 도서 메일 서비스 제공
- 스타리치 어드바이저/북스에서 주최하는 포럼 및 세미나 정보 제공
- 스타리치 어드바이저에서 제공하는 재무 관련 정보 제공

스타리치 패밀리 회원 등록 기존 스타리치 패밀리 회원일 경우 등록된 ID를 기재 부탁드립니다.

이름	연락처
주소	생년월일
이메일 주소	구매 도서명 **PURPLE PEOPLE 2.0**
패밀리 회원 ID	소속(회사/학교)

사용하실 패밀리 회원 ID를 적어주시면 임시 비밀번호를 문자로 발송해드립니다.

개인정보 사용 동의서

스타리치 패밀리 홈페이지는 수집한 개인정보를 다음의 목적을 위해 활용합니다. 이용자가 제공한 모든 정보는 하기 목적에 필요한 용도 이외로는 사용되지 않으며, 이용 목적이 변경될 시에는 사전동의를 구할 것입니다.

1) 회원관리
① 회원제 서비스 이용 및 제한적 본인 확인제에 따른 본인확인, 개인 식별
② 불량회원의 부정 이용방지와 비인가 사용방지
③ 가입의사 확인, 가입 및 가입횟수 제한
④ 분쟁 조정을 위한 기록보존, 불만처리 등 민원처리, 고지사항 전달

2) 신규 서비스 개발 및 마케팅·광고에의 활용
① 신규 서비스 개발 및 맞춤 서비스 제공
② 통계학적 특성에 따른 서비스 제공 및 광고 게재, 서비스의 유효성 확인
③ 이벤트 및 광고성 정보 제공 및 참여기회 제공
④ 접속빈도 파악 등에 대한 통계

상위 내용에 동의합니다.

년   월   일   서명 _____ (인)

스타리치 패밀리 회원 비밀번호 변경은 www.starrichmall.co.kr에서 하실 수 있습니다.
엽서를 보내주시는 분들에 한하여 스타리치몰에서 사용 가능한 포인트(도서 정가의 5%)를 지급해 드립니다.
앞으로 더욱 다양한 혜택을 드리고자 노력하는 스타리치가 되겠습니다. **문의** 02-6969-8903 starrichbooks@starrich.co.kr